JN203924

田中正浩 監修
塚原拓馬 編著

児童の教育と支援

学びをみつめる

東信堂

はじめに

「不易流行」——不易と流行は根源的には一つであるという。

兎角、人は世の「ナガレユクモノ」に目が奪われがちである。殊に、情報技術の劇的な躍進や国際化にともなう多様性の浸透など、これまで私たちが知り得てきた常識という準拠枠では捉えきれない現象に直面させられれば、無理もないことかもしれない。

児童が置かれた現状も尚更況んやである。少子高齢化による人口推移に基づけば、現在の社会保障収支の不均衡を解消せず、多額の債務を次世代へ負わせることになる。それを、"財政的児童虐待"などと些かショッキングな語彙で警鐘が鳴らされる。時（2018年現在）の政権（安倍内閣）は教育の無償化を訴え解散総選挙を実施し、都市部に生じる待機児童問題の解消のためから幼児教育の義務教育化まで議論されているのが昨今である。

しかし、このような難問の集積を前にして、児童教育はただ立ち尽くしてもいられない。実際の教育現場では、日々の流れる教育業務をその時の最善で果たしていくしかない訳であり、社会のせいにばかりしていても児童たちに何ら確かなものを与えることはできないであろう。実際の児童教育の現場においては、現代の社会的要請に適合するための改革が動き始めている。小学校からの英語教育の導入、道徳教育の教科化、アクティブラーニングの推進など枚挙に暇がない。そして、このような社会的現状、教育に課せられた課題を、私たちはどのように捉え直し、行動することができるであろうか。

その一つは、「カワラザルモノ」を見つめることであろうか——。時代や社会が変われども、人の発達に通底する原理原則がある。例えば、ハイハイの前に二足歩行が来るであろうか。健全な身体の発育を疎かにして人格の社会化が期待されるであろうか。意欲の得ない強制的な学習指導が子どもの知的発達に深化するであろうか。寧ろ、昨今の教育現場で注目される「問題解決型学習」には他者との共同、すなわち社会性が基

礎となるではないだろうか。教育には子どもの発達可能性を実現化することと社会化を促すという二つの側面がある。こうした、いつの時代においても大きく変わることのない人の発達と教育の原理から目を逸らし、いたずらに新規で技術的な指導を重ねていくことが、結果的に可変的な時代に即した人間教育となるとは思えない。

　——やはり、不易と流行は根源的には質を一にするものであろう。

　そのような趣旨もあり本書は、副題として児童の「学びを見つめる」とした。この「学び」ということばには、単に知識学習だけに留まらず、こころとからだ、道徳と自立といった、人間発達に不可欠な基本的「ちから」を体験的に獲得するという意味を包含するものとご理解頂きたい。児童教育の置かれた環境条件、社会情勢など流れ行くものを「見つめ」、またそこにある易らざるものは何かも「見つめ」て、児童の発達と支援を論じていきたい。

　また、本書は主にこれから教育者を目指す方への副次的教材として執筆された。各章に与えるテーマはその専門家により執筆構成されており、其々の専門家の色彩が多少なりとも込められている。また、編集では主に書式や語彙の統一性を心掛け、記述内容については各領域の専門家である執筆者の意向をできるだけ尊重するように努めた。そのため、初学者向け入門書としては型にはまらない類の参考書となることを予めご容赦願いたい。また、それが故に読者の皆様の忌憚のないご意見・ご批判を頂けるのであれば、担当者一同、著者冥利に尽きるというものである。多少の先達、後達の差はあれど、それは僅かなものである。同じ教育の道を志す者として、本書を題材に教育の将来を議論する機会となれば幸いである。

　最後に、本書の刊行にあたり快く応じて下さった株式会社東信堂下田勝司社長と、実現に向けてご尽力下さった実践女子大学名誉教授乙訓稔先生には、この場をお借りして深く御礼申し上げます。

2018 年 7 月　編者記す

目次／児童の教育と支援──学びをみつめる──

凡例

「小学校学習指導要領」「幼稚園教育要領」の URL については以下の通りです。

文部科学省（2017）「小学校学習指導要領」（http://www.mext.go.jp/component/a_menu/
　　education/micro_detail/__icsFiles/afieldfile/2017/07/12/1387017_1_1.pdf）
文部科学省（2017）「幼稚園教育要領」（http://www.mext.go.jp/a_menu/shotou/new-cs/
　　youryou/you/you.pdf）

児童の教育と支援

──学びをみつめる──

第1章 「学びをつなぐ」児童を取り巻く現状
――教育と社会

井口眞美

本章のねらい

　小学校では、新1年生が小学校生活になじめるよう、また卒業した子どもたちが中学校生活に順応できるよう、幼稚園・保育所とのより良い接続、そして中学校との連携が求められています。また、地域とのつながりが希薄である、長時間働く保護者や子育ての孤立化に悩む保護者が増えているといった現状から、小学校にとって地域や家庭との連携も欠かせないものとなっています。子どもは、小学校だけで育つのではありません。子どもを取り巻く教育・保育施設、家庭、地域と協働してより良い教育を行うことが大切です。

　本章では、みなさんもよく耳にするキーワードを切り口として、「他校種間の連携」「地域や家庭との連携」について述べています。"**小1プロブレム**"や"**モンスターペアレント**"等を単に問題視するだけでなく、その背景にある子どもの実態や保護者の思いを見つめる目を養い、教師として学校としてできることは何か考えてみましょう。

1　他校種間の連携　　　　　　　　　　　井口眞美

⑴　幼保小の接続

1)　小1プロブレム

　一般的に"**小1プロブレム**"と呼ばれる、入学して間もない小学校1

年生の指導の難しさが話題になって久しいが、その理由として、「子どもが精神的に幼くなった、家庭のしつけができていない、幼稚園・保育所での遊びを中心とした生活から抜け出せない」などが挙げられている。確かに、14 時に終わる幼稚園もあれば、20 時まで預かる保育所、自由度の高い遊び中心の幼稚園や一斉指導の多い幼稚園、給食を提供する保育所、弁当を家庭から持参する幼稚園など、入学前の子どもの生活は以前にも増して多様になっている。

　ただし、この "小 1 プロブレム" であるが、子どもや社会状況のせいにばかりしていても問題は解決しない。保育所や幼稚園から小学校に上がり、そのズレの板挟みになって戸惑っている子どもの実態をきちんと把握し、学校システムに見直すべきところはないのかを考える必要がある。ここでは、「子どもの行動や思いの見とり」「幼保小の教職員同士の情報の交換」「幼小接続カリキュラム」の 3 点から円滑な幼保小の接続の在り方を考えていきたいと思う。

2）　円滑な幼保小の接続のために

　①子どもの行動や思いの見とり

　小学校低学年の子どもたちは、文字を覚え、自分の思いを書き言葉で表現したり、感じたことや考えたことを熱心に話したがったりする。しかし、この時期、まだ自分の思いを言語で十分に表現できないことも多いだけに、教師には子どもの姿（言動、表情など）からその奥にある思いを見とる力量が問われる。そして、その見とりに基づき子どもの思いに添った教師の関わりが求められる。

　下記に示す事例から、5 月初旬の 1 年生らしい「ものの見方・考え方」を読み取り、みなさんが担任だったら、どのような関わりをするか考えてみてほしい。

＜事例 1 ＞ 1 年生 5 月「算数　〜1 桁の足し算〜」

　　子どもたちは、算数の学習のふり返りとして文章題（1 桁の足し算）のプリントに取り組んでいた。プリントには、校庭で遊ぶ男の子 3 人、女の子 4 人が描かれており、男の子と女の子の人数を足し合わせ、3 ＋ 4 ＝ 7　こたえ 7 人という答えを期待する文章題が書かれていた。

　おとこのこが 3 にん、おんなのこが 4 にん、こうていであそんでいます。おともだちは、あわせてなんにんでしょう。

（しき）

こたえ　　　　　　　　にん

ほとんどの子どもたちが正解を記入していたが、A 男は、プリントに何も書かずにいた。担任は、「解けないはずはないのだけれど…」と思いながらも、A 男に寄り添い「わからなかったかな？先生と一緒に数えてみようか」と声をかけた。
ところが A 男は、「女は友達じゃない」と言い切り、人数を数えようとはしなかった。続いて B 子のプリントを見ると、こたえ 8 人　とだけ書かれていた。担任は、「8 人かな？見てるから、もう一回数えてみてごらん」と B 子に数え直しをさせた。すると B 子は、「おともだちはなんにんでしょう」という問題の文頭に描かれたクマを 1 人目の友達、男の子が 3 人、女の子が 4 人とし、合わせてお友達は 8 人という答えを導きだしていたのである。

　　A 男にとって、女児はまだ友達として数える対象ではなく、「おともだちはあわせてなんにんでしょう」と問われても、3+4=7 という数式は導きだせなかったのである。事実、A 男は、同じ保育所出身の友達がいなかったこともあり、一緒に遊ぶ男友達は数人できたものの、女児と遊ぶ姿はまだ見られなかった。担任は、その場では 3+4=7 の計算を続けさせはせず「女の子のお友達もできるといいね」と伝えるに留めた。

　一方、B子に対し担任は「普段からのんびりしているタイプなので、計算違いをしたのだろう」と思い込み、数え直しをさせている。ところが、B子は計算違いをしているのではなかった。B子にとっては、人間の男の子と女の子だけではなく、クマちゃんも "お友達" だったのである。1年生の子どもたちは、3月まで幼稚園や保育所で遊びを中心とした生活を送ってきている。動物が擬人化されて表現される絵本や紙芝居は多く、子どもたち自身もネコやウサギになってごっこ遊びを楽しんでいる。そのような想像を楽しむ世界に身を置いていた子どもたちは、急に小学校のシステムに適応していかなければならず、戸惑うこともあるだろう。

　A男、B子、それぞれの「ものの見方・考え方」を読み取ることができただろうか。特に入学して間もない子どもたちを指導する場合は、全体的な指導も進めつつ、個々の思いに即した関わりが求められる。この時期の子どもたちにとっては、足し算が「**できる**」こと以前に、具体物を実際に使って数えたり、具体的な場面や物をイメージしたりして、足し合わせることの意味を理解し納得する経験、いわば「**わかる**」経験が必要なのである。この「わかる」経験の積み重ねにより、抽象的な 3 ＋ 4=7 という抽象的な操作もできるようになる。子ども一人ひとりが、納得がいき「わかる」経験を積み上げられるように導くことも教師の重要な役割の一つとなる。

　②幼保小の教職員同士の情報交換

　子どもたちの情報は、幼稚園・保育所の 5 歳児担任が書いた幼稚園指導要録・保育所保育要録の内容や幼保小連絡協議会での話し合いなどによって 1 年担任に引き継がれる。以前は、せっかく幼稚園・保育所の担任が作成した要録も、「先入観なく子どもと向き合いたいので、見ていない」「気になる子どもがいた時に要録を見た。しかし、こちらが必要としている保護者の情報が書かれていなかった」といった 1 年担任の意見も多かったが、最近では、「一人ひとり、つまり全員の子どもた

ちの過去の事実を把握し、その実態を踏まえて、活動展開を考える」という考え方が浸透し、要録が幼保小の接続を円滑にする手立てになっている。

　子どもの情報交換だけでなく、幼保小の教職員が、日々の学習形態・保育形態の違い（クラスで取り組む時間が大部分を占める小学校と、個々に好きな遊びをする時間が多くを占める幼稚園との違い）や、教育観・保育観の違い（皆で学ぶ良さを味わってほしいと願う小学校と、一人ひとりの思いを大切にしたいとの思いが強い幼稚園）などを知り合うことが必要である。更に、「幼保小のとらえ方が、なぜ違っているのか」「その違いは、（連携を考える上で）受け入れるべき違いなのか、それとも改善すべきズレなのか」をきちんと話し合っていきたい。

　互いの教育・保育の在り方を理解した上で、慣習的に行っているものを再検証することが大切である。小学校教員は、一人ひとりに丁寧に関わる保育者の立ち振る舞いを学ぶことで、1年生が、より安心して学校生活を送れると考えられる。反対に、幼稚園・保育所の保育者が、小学校教員の専門性（例えば、言語的な表現力の豊かさ、図工における絵の具や木工の技法、理科における飼育栽培の知識）を学ぶことは保育の質の向上に役立つ。

　そして、幼保小それぞれの教職員が、一人ひとりの育ちを総合的に、そして長期的なスパンで見とることが大切である。そして、幼保小が同じ視点で一人ひとりの子どもを見とり、子どもの姿からカリキュラムを創ることが幼保小をつなぐ有効な手立てとなる。

③幼小接続カリキュラム
　新しい幼稚園教育要領・保育所保育指針（平成29年）では、「生きる力の基礎」を子どもたちに育むため、「知識及び技能の基礎」「思考力、判断力、表現力等の基礎」「学びに向かう力、人間性等」の3つの資質・能力を育むことが明示された。同様に、新しい小学校・中学校学習指導要領

（平成 29 年）では、「何のために学ぶのか」という学習の意義を共有しながら、幼稚園・保育所からつながる「知識及び技能」「思考力、判断力、表現力等」「学びに向かう力、人間性等」の 3 つの資質・能力を育むことが示された。つまり、幼稚園・保育所・小学校・中学校共に、育てたい子どもの姿を共有しながら、保育・教育を進めていくことが求められている。更に、新幼稚園教育要領・保育所保育指針（平成 29 年）では、『**幼児期の終わりまでに育ってほしい姿**』、つまり、小学校就学時において育まれるべき資質・能力の具体的な 10 の姿が示された。それは、次の通りである。

> ＜幼児期の終わりまでに育ってほしい姿＞
> ○健康な心と体　　○自立心　　○協同性
> ○道徳性・規範意識の芽生え
> ○社会生活との関わり　　○思考力の芽生え
> ○自然との関わり・生命尊重
> ○数量や図形、標識や文字などへの関心・感覚
> ○言葉による伝え合い　　○豊かな感性と表現

　小学校学習指導要領（平成 29 年）では、この 10 の姿に基づいた指導を行うことが明示された。この姿が「この子は、1 年生なのに身についていない」といった到達目標にならないよう配慮しつつ、幼保小の接続を踏まえ入門期カリキュラムを編成する必要がある。

　小学校では、入学直後の時期に「**スタートカリキュラム**」と呼ばれる幼稚園・保育所での子どもたちの生活を踏まえた授業の展開を心掛けている。例えば、東京都日野市では、早くから、公立の幼稚園、保育所、小学校で、共通カリキュラム作成に取り組んできた。カリキュラム作成にあたっては、子どもたちがどの園を修了しても幼児期に必要なことを共通に身に付け、個性や能力を伸ばしながら小学校教育へと滑らかに接続

できるようにすることを目的としている。幼稚園や保育所では「ひのっ子就学前コアカリキュラム」というカリキュラムを作り、幼児期に必要な経験や学びを明らかにしている。一方、小学校では、入門期スタートカリキュラム「ひのっ子タイム」という指導方法や配慮点を具体的に記述したカリキュラムを作っている。これらのカリキュラムによって、「遊びを通して学ぶ幼児期の教育活動」から「教科学習が中心の小学校以降の教育活動」への段差の解消を目指し、「学びの連続性、育ちの連続性を踏まえたカリキュラムの作成」を目指している。

　＜事例２＞は、Ａ小学校の４月末のある一日の中で見られた、物的環境の工夫や教師のかかわり方の一例である。教師は、和やかな雰囲気をつくるため、学習机でなくフリースペースに集まってみたりイラストを併用したりしながら朝の会を進行している。また、絵本を読み聞かせる、身体表現等を取り入れ総合的に活動を展開する、子どもの思いに共感する等、幼稚園や保育所での生活に近づけた環境やかかわりの工夫をしていることがわかる。更に、子ども自身に考えさせるように仕向けたり、言い直しをさせ間違いに気づかせたりする等、経験を通しての学びを保障しているのである。

＜事例2＞A小1年生のスタートカリキュラム～物的環境の工夫や教師のかかわり方の例

○朝の会
・フリースペースにランダムに座らせ、**和やかな雰囲気を作る**
・ミニホワイトボードを使い、キーワードが視覚的にもわかるよう**イラストを使って示す**
○国語「言葉集め」
・（プール開き当日であったため）「水」にちなんだ**絵本を読み聞かせる**
・「水」に関連する言葉集めを行い、集めた言葉を**黒板に分類、整理する**
・全員で出てきた言葉を**身体で表現する場を適宜設ける**
・重要であると思われる子どもの発言を**教師が繰り返す**
・**個々の疑問に応え**、わかりにくい**言葉の意味を補う**
・子どもの発言に驚き、**共感する**
・良くない行動を**自分で考え直させる**（「そこでお話聞けるかなあ」と周囲の子どもたちにもたずねながら、本人に自分の行動がよいかどうかを考えさせている）
・**子どもに復唱させ**ながら、アクセントを確認したり、正しい使い方に気づかせたりする
・子どもたちに「どこに入れる？」とたずね、言葉の**分類の仕方を考えさせる**

⑵　小学校と中学校との連携

1)　中1ギャップ

　小学校から中学校への進学において、新しい環境での学習や生活へ移行する段階で、いじめや不登校などの生徒指導上の諸問題につながっていく事態を**"中1ギャップ"**と呼ぶ。ただし、文部科学省国立教育研究所の資料「中1ギャップの現実」(2012)によれば、「いじめが中1で急増するという当初の認識が正しいのか。不登校の中1での増加にしても『ギャップ』と呼ぶほどの変化なのかについては慎重であるべき」と述べられている。中1になると、突然いじめや不登校などの諸問題が起こる、学校制度の違いが問題の主原因であるといった決めつけをするのではなく、客観的な事実や根拠を正しく確認し、そこから打開策を考えることが大切であろう。

　例えば、いじめを例にとると、その被害経験率は、中学校時代よりも小学校時代の方が高いというデータもある。図1は、小4から中3までの6年間(毎年6月と11月の2回、計12回調査)に、いじめの被害経験

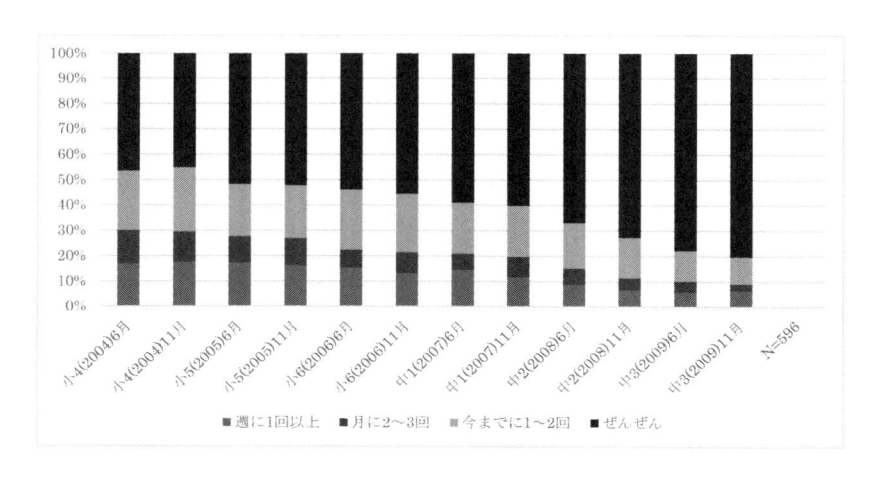

図 1-1　いじめの被害経験(仲間はずれ、無視、陰口)の推移

(出典:国立教育政策研究所生徒指導・進路指導研究センター『不登校・長期欠席を減らそうとしている教育委員会に役立つ施策に関するQ&A』平成24年6月)

があったかを縦断的に調査したものである。「中学校に入るといじめが急増する」という印象だけで"中 1 ギャップ"の問題を捉えてはならず、小学校・中学校間の情報共有の在り方、小学校・中学校における生活指導の改善等に目を向けることが求められる。

　また、不登校に関しても、中 1 の不登校生徒の半数は小 4 から小 6 のいずれかで 30 日以上の欠席相当の経験（＝病気などによる欠席や保健室登校を含む）をもっているというデータがある（**図 1-2**）。多くの問題が顕在化するのが中 1 だとしても、小学校の段階で問題が始まっていることもあるという視点ももつことも必要かもしれない。

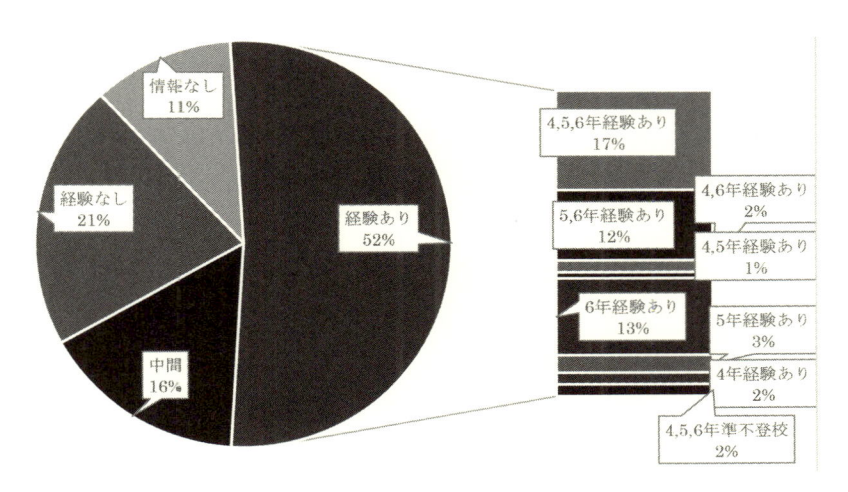

図 1-2　中 1 不登校生徒の小学校での不登校（長期欠席を含む）経験

（出典：国立教育政策研究所生徒指導・進路指導研究センター『不登校・長期欠席を減らそうとしている教育委員会に役立つ施策に関するＱ＆Ａ』平成 24 年 6 月）

2)　小中連携カリキュラム

　新小学校学習指導要領（平成 29 年）では、英語が教科化され、中学校との学習内容の整合性が検証されている。また、「次期学習指導要領に対応する指導体制を構築するという観点からも、小中一貫教育の典型的

な取組の一つである教科担任制や乗り入れ授業の実施は有効であり、更なる取組の促進が期待される」と記されている。このように、今後一層、小中の連携、さらには小中一貫教育が求められる時代となるが、小中の連携には、3つのプロセスがあると考えられる。

　①小学生と中学生の交流
　まずは児童生徒間の交流が挙げられる。
　「勉強についていけるだろうか」「中間テストや期末テストは難しいのか」「部活動はどのように行われているのか」「友達はできるだろうか」など、6年生の子どもたちは、中学校に進学することに期待をもつ反面、不安を抱えている。交流により、子どもたちが中学生に出会い、中学校の様子をイメージできるようになることで、子どもたちに安心感を与えるのである。反対に、中学生にとって交流活動は、上級生としての自覚をもつことで自尊感情が高まったり、下級生を思いやる態度が養われたりするといわれている。

　②教員同士の参観、研修
　教員同士が互いの授業を参観し合ったり、共に研修を行ったりすることにより、互いの良さを学び合うことが大切となる。先に述べた児童生徒間の交流の機会を受け、子どもたちの事実を通して相互理解を深めることが第一歩となるであろう。そこから、相互理解を深めることが大切である。この参観や研修の目的は、まずは子どもの育ちを確かめ、子どもの情報交換の場にすること、そして、互いの教育観を理解すること、加えて、互いの良さを学び、自らの教育方法を見直すことにある。授業を公開したり、小中乗り入れ授業を行ったりする中では、互いに歩み寄って良さを学ぼうとする教師の姿勢が求められる。

③教育観の共有

　児童生徒間の交流、小中教員同士の交流を深めた結果として、最終的に、小学校教員と中学校教員が教育観を共有し、連携カリキュラムを創り実践することにより、本当の連携、小中一貫教育ができるのである。今後、教育界では、小学校と中学校との連携がより強化されていくが、そこでは、義務教育である小中9年間を見通した学びの系統性を重視した教育を行うことが求められるであろう。

2　地域、家庭とのつながり　　　　　　　　　　　井口眞美

(1)　地域とのつながり

1)　放課後支援

①家で留守番をする子どもたち

　"小1の壁" という言葉を聞いたことがあるだろうか。働く保護者の増加により、乳幼児期から保育所などで長時間過ごす子どもが増えてい

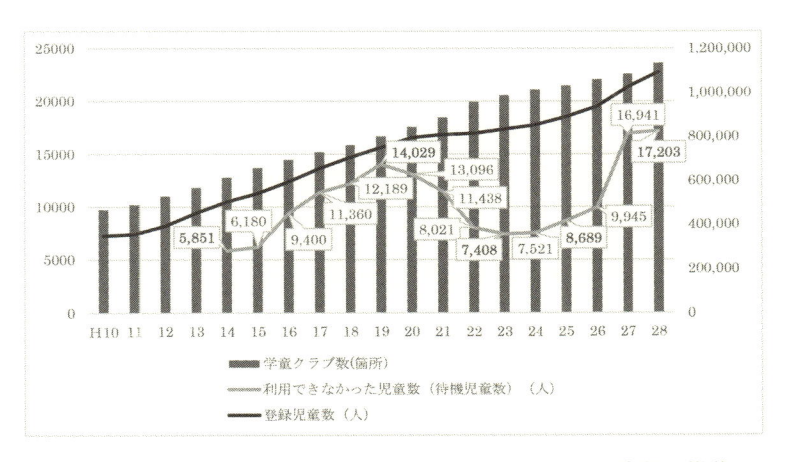

図1-3　クラブ数、登録児童数及び利用できなかった児童数の推移

総務省少子化総合対策室「平成28年放課後児童健全育成事業（放課後児童クラブ）の実施状況（2017年5月1日現在）」

るが、小学校1年生になると、保育所より学童保育の方が閉所時刻が早いため、保護者の帰りに間に合わない、あるいは、学童保育の**待機児童**も年々増加傾向にあり、放課後に預かってもらう場所が見つかりにくいという現状を言い表した言葉である。そうなると、子どもたちは、小学校に入った途端に、夕方、保護者が帰宅するまでの数時間を自宅で過ごさざるを得なくなる。

また、学童保育は、基本的には1年生から3年生までの子どもを預かる施設であるので、4年生になると放課後の受け入れ先が激減してしまう。そのため、**"小4の壁"** も更に立ちはだかるのである。

②放課後支援の実際

小学校学習指導要領では、「地域や社会との連携・協働の中で、どのように人的・物的資源を活用していくのかを計画したりしていくことが求められる」と記されている。では、小学校が終わり、放課後に子どもたちが過ごす施設にはどのようなものがあるのだろうか。地域により様々な取り組みがなされているが、ここでは、日野市の例を挙げてみてみよう。

1) 学童クラブ (学童保育)

就労などにより保護者が昼間家庭にいない児童を対象に、適切な遊びと生活の場を提供し、児童の健全な育成を図ることを目的とする事業であり、児童指導員の支援の下、子どもたちは仲間と遊んだり、宿題をしたり、友達と一緒におやつを食べたりして過ごす。基本的には、小学校が終わった後、直接学童クラブへ向かい、夕方まで過ごすシステムとなっている。

2) 児童館

地域の0歳から18歳までの子どもたちと、その保護者が集う場所で

ある。子どもたちを心身ともに健やかに育成することを目的とし、家庭・地域・学校との連携を大切にしながら、子育て支援を行っている。

子どもたちは、スポーツ、ドッジボール交流会、製作、調理活動など、様々な遊びをしたり、時に児童館まつり、キャンプ・デイキャンプ、おばけやしき、もちつきなどの季節行事の体験をしたりする。

3) 放課後子ども教室「ひのっち」

放課後子ども教室「ひのっち」とは、子どもたちが地域の中で、心豊かで健やかに育まれる環境づくりを提供していくことを目的に、放課後の子どもたちの居場所づくりを、地域の方々の協力を得て実施する市の事業である。

放課後、学校内の教室・校庭・体育館などに「ひのっちパートナー」を配置し、見守りを行うことで、放課後の遊び場環境を提供する。また、ひのっちをさらに楽しく過ごせる居場所とするために、地域の遊びの達人である「**学習アドバイザー**」にも参加してもらい、内容の充実を図っている。放課後子ども教室「ひのっち」は、地域の方々の見守りの下、子どもたちが楽しく放課後を過ごせる、自由参加の居場所の一つである。

4) 日常生活支援・学習支援「ほっとも」

「**ほっとも**」とは、「ほっと」する「とも（だち）」が集える場所という意味をもち、子どもが将来自立した生活を営めるように、日常生活支援や学習支援を実施している。ここでは、日常的な生活習慣、仲間と出会い活動ができるニミュニケーション能力育成のための居場所づくりを行い、学習習慣定着のための学習指導を行う。また、中学生を対象に高校進学をめざした学習支援、高校進学者の中退防止に関する支援など、子どもと保護者双方に対し必要な支援を行っている（日野市 HP より）。

こういった現状の中、日野市では＜事例 3 ＞のような取り組みが始まっている。

＜事例3＞地域の有志と学生ボランティアによる放課後支援の活動

　日野市のM地区では、「フルタイムで働いているので、保護者の帰宅が20時頃になることもある。学童保育も17時で終わってしまうので、安心できる場所で子どもを預かってほしい」「小学校4年生の子どもが、学校が終わる16時から保護者が帰宅する20時まで、家でずっとゲームをし続けている。心配ではあるが、塾に行かせるお金もない」といった声が保護者たちから寄せられていた。そこで、地域の有志の人たちが立ち上がり、放課後の子どもたちを預かる取り組みを始めることになった。

　月に2回、16時から19時までの間、地区センターを無料で借り、子どもたちが遊んだり宿題をしたりできる場を設けた。支援するのは、学生ボランティアや地域住民の人たちである。

　子どもたちや学生ボランティアが一緒にトランプや小型積木で遊んだり、宿題に取り組んだりしている。

　この活動のリーダーの一人、Aさんによれば、今後は、地域のフードバンクと提携して「子ども食堂」の機能をもたせたり、発達障害の子どもたちを預かったりするなど、充実した支援を行いたいという。

　ここでは、ボランティアの大学生が子どもたちの居場所づくりを支えるキーパーソンとなって存在している。「たくさん遊べて楽しかった」「勉強するきっかけができた」と子どもたちはこの活動に満足している。当然のことながら、活動のきっかけは、「学童の終了時刻では、仕事からの帰宅時刻に間に合わない」「我が子に勉強を教えてほしい」「下の子もいるため夕食をつくる間、少しでも子どもを預かってくれると助かる」といった保護者からの願いである。当初、「お母さんは私が邪魔なのよ」と拗ねる子もいたが、学生ボランティアを交えた勉強や遊びが楽しく

なってくると、口々に「また来たい」「帰りたくない」と言うようになった。仲間との関わりが少なく、孤立化しやすい放課後の子どもたちにとって、仲間と楽しく過ごせる場所、心が開放できる場所が求められているのである。

⑵　保護者との連携

1)　保護者の抱える不安

　現代の保護者は、核家族化により相談できる年長者が身近にいない、地域社会とのつながりの希薄化により近隣居住者とのかかわりがほとんどないなど限られた人間関係の中で生活したり、孤立した状態で子育てしたりしている場合も少なくない。**" ワンオペ育児 "** という言葉が生まれたように、保護者（とくに母親）が一人で育児を切り盛りして行き詰まる現状も見られる。

　また、約 7 人に 1 人の子どもが貧困の状態（＝**相対的貧困**：現在暮らしている社会のほとんどの人が享受している「普通の生活」を送ることができない状態）にあるとの統計もあり、子どもたちを取り巻く生活は決して楽観視できない現実がある。

　その意味で、小学校では、子どもだけでなく保護者に対する支援も大切な役割となる。**" モンスターペアレント "** という言葉が話題になったが、保護者が抱える子どもへの一途な思いや不安にも目を向け、保護者を支援する姿勢が求められている。指導計画の作成においては、生活経験の違いによって一人一人の発達が違うことに留意する必要があるし、「保護者は家庭で学習を見てあげられないので、宿題をたくさん出してほしい」「塾などで忙しいので、宿題は必要ない」など、様々な声にも耳を傾けつつ保護者の理解を得ながら、一貫したスタンスでの指導が求められる。

2）　子どもも保護者も教師も共に育つ " 共育 "

　子育てに悩む保護者も少なくない中、学校では、保護者を教育するのではなく、子どもも保護者も、そして教師自身も共に育とうとする **" 共育 "** が求められると考えられる。では、その"共育"の実現に向け、教師や学校は保護者に対し、どのような具体的なかかわりが求められるのか考えてみたい。

①子どもを思う親心を理解する

　保護者の声も参考に個人差を大切にした健康面の報告、子どもの成長を細かく伝えることが求められる。クラス全家庭に対しては、PTA、学級通信、連絡帳会合や行事など様々な機会を活用し、学校生活の様子を積極的に伝えていく。加えて、学習や子育てに関するニュースなどの情報を発信することも、教育に関心をもってもらう上で重要である。ただし、担任は、クラスの総体の姿を学級通信で伝えようとするのだが、保護者の中には、「おたよりにはクラスが育っているというけれど、うちの子には当てはまらない。うちの子だけ落ちこぼれているに違いない」と受け止めることもある。教師、学校から発信した内容に関しては、保護者からのフィードバックを得たり、保護者の思いを受け止め、個別に答えたりすることを心がけたい。その際、子どもの長所や得意な部分を伝えることが大切である。

　保護者は「自分はどう受け止められているのか」「子育てを否定されないか」と不安を抱えているのである。子どもの姿は均等に伝え、決して他児との比較はしないこと、そして、綿密な日々の記録に基づき、曖昧な表現でなく具体的に伝える。また、何よりも、教師自身が話しかけやすい雰囲気づくりを心がけるべきである。

②保護者と共にという姿勢をもつ

　保護者の保育に対する考え方や感じ方を理解した上で、教育方針への

理解を図らなければならない。地域によっては、学校主催の行事だけでなく、PTA主催の活動も盛んである。昨今、仕事をもち多忙な保護者も多いが、極力行事への参加を呼びかけていきたい。保護者たちの実態、ニーズを受け止めながら、行事への積極的な参加を促すことが教育の理解をも促すのである。

　また、国際化により、外国籍の子どもも増えている。言葉、食生活、生活文化の違いも生じるが、人権尊重の精神を忘れずに、「共生」の考え方で国際理解教育を進めていきたい。

③保護者の悩みに共感する

　保護者も子育てに疲れている。「この子が落ち着かないのは母親の子育てがいけないのか」と悩み、他の保護者と会わないように行動する母親さえ存在する。障害を抱える子どもの場合、本人への支援に加え、子ども間の障害理解、他保護者の理解を図ることが重要となるが、周囲に対してどのように伝えるか（状態、かかわり方）、保護者と相談する必要がある。保護者は、自分の子どもの障がいに関して周囲に伝えてほしい、ほしくない等、それぞれ異なる考え方をするし、他の保護者の中には、「そう言われても、我が子に手を出すのは止めてほしい」と、担任の対応に納得できない保護者もいることであろう。

　子どもの障害に関しては、市町村や関係機関の協力を得ると共に、保護者に対する個別の支援をし、連携を図りながら指導を進めることが大切である。**ノーマライゼイション**の理念に基づき、障害のある子どもたちと共により良く学校生活を送れるようにしていきたい。

　ただし、保護者との関係性を保つことは大切であるが、保護者の言いなりになったり迎合したりする姿勢では、子どもの教育に良い影響は与えない。日々忙しい保護者の心情に配慮しつつも、子どもの生活の連続性を大切にし、子どもにとって必要と思われる事柄については毅然とした態度で伝える必要がある。

　とくに、虐待といった不適切な養育などが疑われる場合には、市町村や関係機関と連携を図りながら、適切な対応が可能になるよう保護者を説得することも必要となる。

④保護者への親しみとなれ合いを区別する

　保護者と適度な距離感を保ち、相互理解を図ることは必要であり、「役員の仕事を快く引き受けてくれる」「世話焼きでクラスをまとめてくれる」といった理由で、特定の保護者とばかり関わりすぎてはいけない。連絡先を交換する場合もあるだろうが、保護者との接し方には配慮したい。メールなどでのやりとりは周囲の教職員から見えにくくなる。問題点があれば、一人で抱え込まず、学校全体として取り組む姿勢を大切にしたい。

⑤学校全体としての一貫性をもつ

　担任により、また、年度により対応が異ならないよう、小学校として一貫性を保つことも大切である。アレルギー、疾病などについては、他の教職員（養護教諭、栄養教諭など）、管理職と連携を図りながら、小学校全体として対応していく。また、保護者の思いや期待にも配慮し、反省すべき点があれば謙虚な姿勢で反省し改善する必要がある。とくに、怪我など、謝罪すべき時には誠意をもって謝罪すべきである。時に、「Ａ君も良い子なんですが」など、手出しをした側をかばう発言をしがちであるが、手を出された側の保護者の気持ちを踏まえた発言が求められるだろう。

　さらに、教師としての倫理観については、学校組織全体で研修を行ったり互いに学ぶ場を設けたりしながら遵守することが大切である。

　このように、子ども一人ひとりの家庭の状況や学校への期待を踏まえ、保護者と連携を図りながら教育を進めていかなければならない。これか

らの学校現場では、地域や家庭との「**つながり**」を深め、家庭や地域のもつ人的・物的資源を教育内容に取り込み活用していくことが求められている。

ワーク

① "小1プロブレム""中1ギャップ"といった課題の背景にある、子どもたちの実態を踏まえ、教育現場ではどのような対策が講じられているか調べてみましょう。また、これらの解決策について、あなたなりに考えたことを文章化してみましょう。

_____
_____
_____
_____
_____
_____
_____
_____
_____

② "子どもの貧困""ワンオペ育児""モンスターペアレンツ"といった言葉が社会的問題として話題になりましたが、これらの言葉を新聞などの文章から探し、子どもを取り巻く現状について調べてみましょう。また、これらの現代的課題に対し、学校ができることは何か考えてみましょう。

_____
_____
_____
_____
_____
_____
_____
_____
_____

参考文献

加藤彰彦 (2016)；『貧困児童　子どもの貧困からの脱出』、三省堂

厚生労働省 (2017)「保育所保育指針」

国立教育政策研究所生徒指導・進路指導研究センター (2012)；「不登校・長期欠席を減らそうとしている教育委員会に役立つ施策に関する Q & A（平成 24 年 6 月）」

佐藤晴雄 (2017)；「地域コミュニティの活性化　——地域全体でつくる子供の生活環境——」『児童心理　2017 年 9 月号』No.1046、金子書房

日野市ホームページ「子育て支援」、http://www.city.hino.lg.jp/index.cfm/194,0,333,html（最終アクセス 2017.10.30）

総務省少子化総合対策室 (2017)；「平成 28 年放課後児童健全育成事業（放課後児童クラブ）の実施状況（2017 年 5 月 1 日現在）」

文部科学省 (2011)；「小中連携、小中一貫教育の推進について」、http://www.mext.go.jp/b_menu/shingi/chukyo/chukyo3/siryo/attach/1325898.htm（最終アクセス 2017. 10.30）

文部科学省 (2017)「小学校学習指導要領」

文部科学省 (2017)「幼稚園教育要領」

文部科学省　国立教育研究所 (2015)；「中 1 ギャップの真実」、http://www.mext.go.jp/b_menu/shingi/chousa/shotou/108/shiryo/__icsFiles/afieldfile/2015/08/18/1357592_05.pdf（最終アクセス 2017.10.30）

中学校学習指導要領 (2017) 文部科学省.

第2章 「学びを深める」知育
──発達と学習

塚原拓馬・五味美奈子

本章のねらい

　文部科学省による学習指導要領 (2017) においては、「基礎的・基本的な知識及び技能を確実に習得させ、これらを活用して課題を解決するために必要な思考力、判断力、表現力等を育むとともに、主体的に学習に取り組む態度を養い、個性を生かし多様な人々との協働を促す教育の充実に努めること」と示されています。そして、知・徳・体にわたる「生きる力」を子どもに育むため、「何のために学ぶのか」という学習意義を共有しながら、授業の創意工夫や教科書などの教材の改善を引き出していけるよう、すべての教科等を、①知識及び技能、②思考力、判断力、表現力等、③学びに向かう力、人間性等の三つの柱で再整理されています (文部科学省 2017：幼稚園教育要領　小・中学校学習指導要領等の改正のポイント)。

　そこで、本章では、学ぶことで「思考力、判断力、表現力」の"ちから"を身につけていくことはどのようなことかを考えてみましょう。まず、基本的な知識・技能を獲得するための学習の過程、主体的に学習に取り組むための学びの意欲について概説し、次に教育場面において課題解決のために学びを深め発展させていくことについて説明していきます。

1　学びと発達　　　　　　　　　　　　　　　　塚原拓馬

(1)　学習について

1)　学習の過程

　学習とは、心理学において「経験により比較的永続的な行動変化がもたらされること、およびそれをもたらす操作、そしてその過程」(中島ら , 1999) と定義されている。つまり、体験によって行動が変化すること、また変化をもたらす認知の過程であるといえる。

　また、鹿毛 (2013) によれば、

①　学習は行動や能力が変化すること、あるいはそれらが獲得されること

②　一時的なものではなく長続きする変化、つまり「獲得」であること

③　練習する、他者の行動を観察するといった体験により生じることと考えられ、「体験を通じて知識、技能、態度を獲得すること」が学習であるとされている。このように、学習の過程は体験 (経験) により変化すること、獲得されることが分かる。

　近年は、子どもの体験による獲得過程のことを、「学習」という言葉から、「**まなび (学び)**」という言葉に代わり用いられてきている。鹿毛 (2011) によれば、学習の能動性やそのプロセスが注目されるようになった点がその理由の一つであるとしている。つまり、日常生活で体験して得られた知識だけでなく、「**主体的に学ぶこと**」が子どもの学習過程であると捉えられている。さらに、鹿毛 (2011) は、学びは学校教育だけでなく、生活全体が学習の場であり、日常生活には学習が埋め込まれており、(子どもは) 常に学習の主体であると述べている。そのような学習は、まず外界の様々な事物事象について認識し、理解していく過程とも言い換えることができる。学校の教育課程だけではなく、それ以前にひとりの人として生活し、成長・発達していくために、児童は様々な「学び」を日々行っていることがわかる。では、そのような行動の変化や獲得をするための

認知（思考）過程はどのような発達変化をするのであろうか。子どもの外界の様々な事物事象の認識とその理解に関する認知（思考）の発達過程を提起したのは J. ピアジェである。そこで、以下では、ピアジェ（1896-1980）の認知発達理論を概説していく。

2)　認知の発達

　ピアジェの発達論の特徴は、各段階で基本的な活動の基盤となる心的構造である「**シェマ**（schemes）」があると考えていることである。このシェマは適応するために外界のものを自分の中に取り入れる「**同化**（assimilation）」と、新しい経験にあわせて古いシェマを修正する「**調節**（accommodation）」を行い、同化と調節により安定化させていく「**均衡化**（equilibration）」により認知が発達していくとしている。そして、以下の4つの段階により、変化していく過程を明らかにした。

　まず、「**感覚運動期**（0 歳〜およそ 2 歳）」である。この時期は、感覚と運動の共応関係から外界の事物事象を認知し学習をしていく。例えば、関心のあるものを何でも口の中に取り入れ（同化）、母親の乳房とそれ以外のものを区別し（調節）、口に入れて良いものと良くないものが認知できるようになっていく（均衡化）。次に、「**前操作期**（2 歳〜およそ 6 歳）」である。この段階では、言葉やイメージが獲得されて、象徴（シンボル）による認知ができるようになる。例えば、手を広げて飛行機のマネをするなど、対象の特徴を記憶したり、表現したりすることができるようになる。しかし、この段階では自分自身を他者の立場に置き換えて考えたり、他の視点に立って理解したりすることがまだ難しい時期である（**自己中心性**）。つまり、他の視点を理解するといった論理的な思考ではなく、直観的に判断することから直観的思考段階ともされている。そして、次の段階は「**具体的操作期**（6 歳〜およそ 11 歳）」である。この時期は具体的場面ならば論理的思考ができるようになる。自己中心性にみられる自分自身の視点だけではなく、他の視点からも思考することができるようになる（**脱**

中心化)。そして、「**形式的操作期**(およそ 11 歳〜)」に発達していく。この段階では具体的場面でなくとも論理的思考ができるようになる。体験だけでなく論理的に考えて現実に適合するかどうか(もし〜ならば…だろう)を思考することができるようになる(**仮説演繹的思考**)。**図 2-1** に示したように、例えば「明日、雨が降ったら濡れてしまうだろう。だから傘を持っていこう」と予想をしたり、「友達の○○くんは足を怪我して運動会に出られないから、きっと辛いだろう」と他者の気持ちを想像したりすることができるようになる。そして、数学、科学、文学など、高度な知識や技能を習得することもできるように成長していく。

図 2-1　形式的操作期における仮説的思考の例

　このように、子どもの認知過程は、「感覚と運動の共応」によって外界を理解(学習)していく段階から、「論理的に考える」ことができるようになる段階へと変化していく。このピアジェの認知発達理論において、児童期(就学期)という発達段階は具体的操作期と形式的操作期にあたる。つまり、感覚的体験だけでなく、具体的体験や論理的思考により学習することができる段階であるということが分かる。それは、ただ知るということではなく(関心のある)対象は「何であるのか」、「どのような特性があるのか」、など外界の様々な事物事象を、主体的・能動的に学ぶこと

ができるようになる学習の過程を意味しているともいえる。

　また、具体的操作期になり、具体的場面で論理的に考えることが少しずつできるようになることで、体験からだけではなく他者の行動を観察して学ぶこと（**観察学習**）により、多くの知識や技術を習得することができるようになっていく。例えば、「友だちの花子ちゃんが宿題を早く終わらせて、先生にほめられていたから、僕も早く終わるように頑張ろう」など、他者の行動を観察することで、学習の方法や新たな行動を獲得することも可能となる。

⑵　学びの意欲

1)　学習動機づけ

　就学期（児童期）に入ると、「学び」は学校教育の中で体系的な教科教育として展開していく。日常の中での偶発的な学び（体験）から得られる知識もあるが、教科教育の学習は、より主体的で能動的な学びを求められるようになっていく。そのためには、「学ぶ」ということに“意欲”をもって取り組むことが大事であり、学ぶ意欲をもつこと（もち続けること）が学習をより効果的なものに発展させていくことになる。それでは、学びの意欲をもつにはどのような動機づけがあるだろうか。以下に、学習の動機づけについて心理学的な視点から概説していく。

　これまで、学習の動機づけに関する概念は、対照的な二つの動機づけから理解されてきた。一つは、**外発的動機づけ（extrinsic motivation）**である。これは、学習の動機づけが他者や外的な報酬から得られるという考え方である。例えば、親や先生にほめられたいから（もしくは怒られるから）、またはプレゼントを買ってもらいたいから勉強をしよう、というタイプの動機づけである。もう一つは、**内発的動機づけ（intrinsic motivation）**である。これは、学習課題そのものに興味や関心があることにより動機づけが生じることである。例えば、楽器を弾くことが好きだから音楽を勉強しようというタイプの動機づけである。

　図 2-2 は、良い成績を取ったときの「達成感」を動機づけとするか、ご褒美に「お菓子をもらえること」を動機づけとするかのどちらが学習行動の持続を促すかを示したものである。

　どちらの動機づけが子どもの学習意欲を継続させるものだろうか。前項で述べたように、子どもにとって学びは主体的で能動的なものであり、「知りたいから学ぶ」、「好きだから学ぶ」ことが効果的であることは確かなことかもしれない。人は乳幼児期から外界の環境と相互作用し、効果（影響）を与えているという感覚である**コンピテンス（competence：効力感）**がある（White, 1959）。人（子ども）が外界の環境を知りたいと思う好奇心をもっていることは自然なことであろう。

図 2-2　内発的動機づけと外発的動機づけの例

　しかし、一方で、もともとは内発的な動機づけによる活動が、次に報酬が与えられて、その後は報酬が与えられなくなると、その活動に対する内発的動機づけが低下するという**アンダーマイニング現象（undermining effect）**が生じるということもある（Deci, 1971：1972）。つまり、就学前（乳

幼児期）にあった好奇心が、就学後（児童期）に学校教育が始まると低下してしまい、自発的な学びではなくなっていくという現象である。例えば、就学後は宿題を忘れると先生に叱られるから学習する、良い成績を取って親にほめられたいから学習するという外的な報酬（または罰の回避）といった外発的動機づけにより学習がなされるということもあり得るであろう。

　このように、内発的動機づけにより効果的な学習がなされ、知能や技術が発達していくと考えられる。しかし、中谷（2006）は、つねに勉強が楽しいからといった内発的な理由だけで教育が成り立つことは現実的に困難であり、教育現場の実際を考えた場合、何らかの外的な報酬や価値づけは必要不可欠であると述べている。確かに、現実的には学級の仲間関係を意識し、周囲に認められたいから練習するということもあると思われる。先生や他者にほめられたいから頑張るということも学習を促進させる要因となるだろう。先にあげたアンダーマイニング現象も、言語的報酬（ほめ言葉）では逆に内発的動機づけを高める場合もあるという研究もある（Morgan, 1984）。

　また、はじめは外発的動機づけによる学習であっても、しだいに内発的動機づけに移行していく**「動機づけの内在化（internalization）」**という心理過程もある（Deci & Ryan, 1985）。例えば、はじめは学校で先生に夏休みの宿題で教示された自由研究でも、友だちよりも早く仕上げたいといった動機づけになり（取り入れ的調整）、行っていくうちに自分の将来の夢とも重なり（同一化的調整）、結果的には興味・関心が生まれ自律的に取り組むようになる（統合的調整）ことで、内発的動機づけに内在化されていく。

　日常生活の中での自然で偶発的な学習体験だけでは、「思考力、判断力、表現力」を育むことは難しいかもしれない。児童期以降の青年期、そして成人期には、より広い対人関係、社会生活を送ることになる。その基盤となる就学期（児童期）において、教科教育や学級活動から得られる学

びの体験は、はじめは外発的動機づけによる学習であっても、大事な学びとなるであろう。その意味で、動機づけの内在化プロセスは教育実践において、どのような支援の在り方ができるかを考えるための大切な概念（ヒント）と言える。

2) 学習意欲

　それでは、学習の動機づけを高めたり、維持したりするための支援においてどのようなことに配慮すると良いだろうか。まずは「**発達の最近接領域**」を意識することである。ヴィゴツキーは発達の水準を二つに分けて捉えることを提唱している（柴田, 2001）。まず自力で問題解決できる発達水準と、他者からの援助や協同により達成が可能になる水準がある。この二つの領域のずれの範囲を最近接領域と提起した。教育支援は最近接領域に適合したものであることが必要であり、またそうした潜在的な可能性を作り出すものと考えた（松浦ら, 1989）。つまり、あまりに簡単な課題はすぐに飽きてしまい、動機づけが低下してしまう。また、あまりに難しい課題でも同じように動機づけは高まらない。そこで、ほど良く難しい課題（教師が支援したり、仲間と共同したりすることで解決できる課題）を提示していくことが、学習意欲を持続させ、発達を効果的に促していくという考え方である。**図 2-3** のように、ほど良く難易の均衡が取れた課題が学習意欲を安定的にするのである。

　また、意欲も高ければ高いほど良いとは限らない。**図 2-4** は学習意欲と学習の成果の関係を示した逆 U 字曲線である。学習意欲の喚起が低ければ、興味の不足や退屈になり、学習成果は低くなる。また適度な水準を超えて意欲が喚起されると、退屈な状態からむしろ不安状態へ移行し、学習成果は低下していく。これは、**ヤーキース・ドットソンの法則**と言われている。意欲が高いことで、全て完璧にやろうとするあまり、例えば「この勉強で良いのか…？」「すべて暗記しないとダメだ…？」などと、不安が喚起されてしまうことがある。

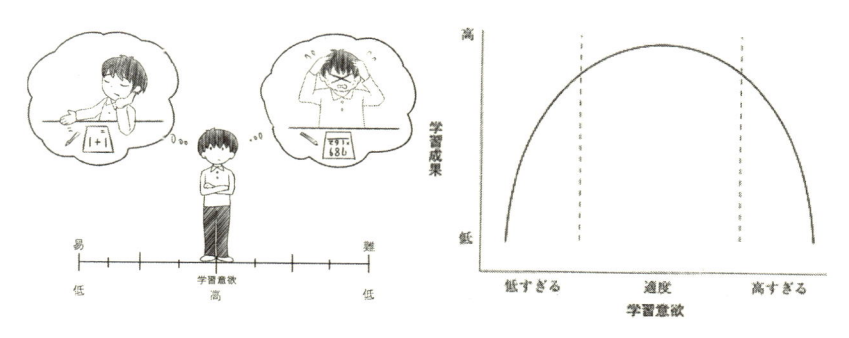

図2-3　発達の最近接領域と学習意欲　　図 2-4　学習成果と意欲の曲線関係

（参考；J,M. Keller, 2009; 根本 , 2010）

　とかく人の心理は複雑なものである――。単に子どもを動機づければ良いという考え方だけでは適切な教育支援に繋がらず、かえって学習意欲を削いでしまうことになりかねない。かといって教育者が何もしないでいても、子どもが勝手に（偶発的に）学び続けてくれる訳ではないであろう。「過ぎたるは及ばざるがごとし」というように、子どもが適度な動機づけをもてるような課題の設定や課題の教示法を考え、「見つめる」ことが、子どもの学びを発展させていくことに繋がるのである。

ワーク

ある教育相談センターの教室で国語の学習に遅れをみせる A 君（小学 5 年生）がいました。A 君は文章の読み飛ばし、読み間違いが多く、音読が苦手です。以前にクラスのみんなの前で音読した際、何度も読み間違いをして、みんなに笑われてしまいました。そのことがきっかけとなり、最近はなかなか学校へ行けていません。A 君の学習支援のボランティアを行うとしたら、どのような支援計画を立てるでしょうか。
動機づけの内在化、発達の最近接領域、ヤーキース・ドットソン法則などを参考に、話し合ってみましょう。

より勉強を深めるために
乙訓稔　監修　近喰晴子・松田純子　編（2014 年）；「保育原理――保育士と幼稚園教

諭を志す人に」 東信堂

乙訓稔　編著（2011 年）；「幼稚園と小学校の教育──初等教育の原理」 東信堂

参考文献

上淵寿編（2004）；『動機づけ研究の最前線』、北大路書房

海保博之監修　鹿毛雅治編（2006）；『朝倉心理学講座 8　教育心理学』、朝倉書店

鹿毛雅治（2013）；『学習意欲の理論　動機づけの教育心理学』、金子書房

鹿毛雅治（2011）；『教育心理学と授業実践─授業の「基本形」としての生活科，総合的な学習の時間─』日本生活科・総合的学習教育学会誌（せいかつか＆そうごう），18, 24-31.

柴田義松訳（2001）；『思考と言語』、新読書社

塚原拓馬（2017）；「第 14 章　生涯発達心理学　（児童期以降の発達）」渡辺千歳編著『はじめて学ぶ発達心理学』、大学図書出版 p146.

塚原拓馬（2015）；「第 10 章　人の一生と心の成長」井梅由美子・渡辺千歳編著『はじめて学ぶ心理学』、大学図書出版 p86-93.

中垣啓（2007）；『ピアジェに学ぶ認知発達の科学』、北王子書房

中島義明・安藤清志・子安増生・坂野雄二・繁桝算男・立花政夫・箱田裕司編（1999）；『心理学辞典』有斐閣

中谷素之（2006）；「第 2 部　学びのプロセスとメカニズム　6．動機づけ - 情意のメカニズム」海保博之監修　鹿毛雅治編『朝倉心理学講座 8　教育心理学』朝倉出版 120-137

根本淳子（2010）；「第 2 章　学習意欲のデザインとは何か？」鈴木克明監訳　J.M. ケラー著　『学習意欲をデザインする ARCS モデルによるインストラクショナルデザイン』北大路書房　p21-43.

松浦宏・中島巌・松村暢隆・水野正憲・林龍平・馬場園陽一（1989）；『学校教育のための心理学』、福村出版

文部科学省（2017）；「学習指導要領解説　総則編　平成 29 年 6 月」

文部科学省（2017）；「小学校学習指導要領　平成 29 年 3 月」

文部科学省（2017）；「幼稚園教育要領小・中学校学習指導要領等の改正のポイント平成 29 年 3 月」

Deci, E. L.（1971）；*The effects of externally mediated rewards on intrinsic motivation.* Journal of Personality and Social Psychology, 18, 105-115.

Deci, E. L.（1972）；*Intrinsic motivation, extrinsic reinforcement, and inequity.* Journal of Personality and Social Psychology, 22. 113-130.

Deci, E. L. & Ryan, R. M.（1985）；*Intrinsic motivation and self-determination in human behavior.* New York Plenum.

Keller, J. M.（2009）；*Motivational Design for learning & Performance: The ARCS Model Approach.* Springer SBM New York as a part of Springer Science Business Media.

Morgan. M.（1984）; *Reward-Induced Decrements and Increments in Intrinsic Motivation.* Review of Educational Research, 54. 5-30.

Piaget, J.（1970）; *Piaget's theory.* P. H. mussen（Ed）. Carmichael's manual of child psychology（3rd ed.）:vol.1. New York: John Wiley & Sons.

Vygotsky, L.（1986）; *Thought and language.* Cambridge. MA: MIT Press.

White. R. W.（1959）. Motivation reconsidered: The concept of competence. Psychological review. 66（5）, 297-333.

2　学びの発達　　　　　　　　　　　　五味美奈子

(1)　学びの意味と教師の役割

　学びというとどのようなことをイメージするだろう。決まったことをインプットし、答えが決まった問題を解いていく、いわゆる「勉強」という言葉をイメージする人が多いのではないだろうか。しかし、本来「学ぶ」とは具体的な体験から教訓を導き出す力、自分で本当だと思うことを自分で楽しみながら探求していくことである。

　子どもの学ぶ力を育む教師とはどのような教師なのだろうか。子どもが教えてほしいという要求にすぐに「正解」を教えることができる教師が良い教師なのだろうか。佐伯（2013）は、「子どもは教えている人の暗黙の要求に必死で応えようとする思考があり、教える人の意図を先取りしようとする。そして教師の意図を先取りする子どもたちによって進められていくと、子どもたちが生き生きと発言している『みごとな』授業ができあがる。」と教師が「教え」子どもが「教えられる」存在であることに対し疑問を投げかけている。

　上の指摘のように私たちは教師が「教え」子どもが「教えられる」存在であると当然のように思っているところがあるのかもしれない。実際、小学校教諭の養成課程に入学してくる学生の中には、「子どもにいろいろなことを教えたい」という思いをもっている者もいる。

　小学校学習指導要領前文において、教師は「児童が学ぶことの意義を実感できる環境を整え、一人ひとりの資質・能力を伸ばせるように」し

ていくことを示している。「児童が」とあることから小学校教育は「教師が教え児童は教えられる」という関係ではなく児童が主体的に学ぶ場であることがわかる。そのため教師の役割として児童の心身の発達や特性、各教科の特徴を踏まえた教育課程の編成、授業計画の立案、評価、授業改善を行うことが求められる。学ぶ場における教師と児童の関係性を教師が自覚していくことで、児童が主体的に知識や技能を習得し、学びを深めていくことが可能となっていく。

(2) 幼稚園教育における学びの意味

　ここではまず小学校就学前の幼稚園教育における学びの意味について考えてみたい。幼稚園教育要領では子どもの学びについて「幼児の自発的な活動としての遊びは、心身の調和のとれた発達の基礎を培う重要な学習であることを考慮して、遊びを通しての指導を中心として第2章に示すねらいが総合的に達成されるようにすること。」と明記している。このことから遊びは子どもにとって学びそのもの、発達を支えるものであると言える。遊ぶ中で子どもは心身全体を働かせて活動するため、心身の諸側面が相互に関連し合い、総合的に発達していく。だからといって、子どもは「今日、僕は人間関係を学ぶために砂場で友達と山を作るんだ。」と自ら学ぶために遊んでいる訳ではない。子どもにとって遊ぶことはそのこと自体が目的で、その結果学んでいるということになるのである。これが幼児期特有の学習様式である。

1) 幼児期の学びの特性を踏まえて育みたい資質・能力

　先に挙げた、幼児期の発達にふさわしい環境の下、遊びを通して学ぶという幼児期の学びの特性を踏まえ、幼稚園教育要領でも幼児期に育みたい資質・能力を以下の通り示している。

> (1)　豊かな体験を通じて、感じたり、気付いたり、分かったり、できるようになったりする「知識及び技能の基礎」
>
> (2)　気付いたことや、できるようになったことなどを使い、考えたり、試したり、工夫したり、表現したりする「思考力、判断力、表現力等の基礎」
>
> (3)　心情、意欲、態度が育つ中で、よりよい生活を営もうとする「学びに向かう力、人間性等」
>
> （幼稚園教育要領第 1 章総則第 2）

　この資質・能力は、幼児教育を通して子どもにどのような力が育つのかということを抽象的に整理したもので、小学校以降の教育への連続性の具体的な根幹となるものを示したものである。それぞれを切り離して育むというものではなく、幼稚園教育要領第 2 章「ねらい及び内容」に基づく活動全体によって一体的に育むよう教師が努めるものである。

　「ねらい」は幼稚園教育において育みたい資質・能力を幼児の生活する姿から捉えたもので幼稚園における生活の全体を通じ、幼児が様々な体験を重ねる中で相互に関連をもちながら次第に達成に向かうものとされている。「内容」は、ねらいを達成するために指導する事項とされ、幼児が環境に関わって展開する具体的な活動を通して総合的に指導されるものである。「領域」は、幼児の発達の側面から捉えたもので、**健康**（心身の健康に関する領域）、**人間関係**（人との関わりに関する領域）、**環境**（身近な環境との関わりに関する領域）、**言葉**（言語の獲得に関する領域）、**表現**（感性と表現に関する領域）の 5 領域から構成されている。

　先に挙げられている通り、これらは相互に関連をもちながら達成に向かうものであることから、小学校教育以降の教科の意味合いとは異なることを覚えておきたい。

　これらの資質・能力を子どもの幼稚園修了時の具体的な姿として表し

たものが「幼児期の終わりまでに育ってほしい姿」で、教師が指導を行う際に考慮するものとされている。以下が「幼児期の終わりまでに育ってほしい姿」である。

遊びを通して獲得された学びである幼児期の教育の効果は、5歳の時点で就学時への準備に繋がり、小学校教育だけでなくその後の人生の学力などに影響を及ぼすとされている。

---

① 健康な心と身体　　　⑥　思考力の芽生え
② 自立心　　　　　　　⑦　自然との関わり・生命尊重
③ 協同性　　⑧　数量や図形、標識や文字などへの関心・感覚
④ 道徳性・規範意識の芽生え　⑨　言葉による伝え合い
⑤ 社会性との関わり　　　　⑩　豊かな感性と表現

---

2)　学びの展開（思考力・判断力・表現力の育成）

思考力とは、経験や知識をもとにあれこれと頭を働かせることである。その思考力の芽生えは幼児が何かに関心をもち、「何だろう？」「どうして？」と考える姿から窺うことができる。幼稚園教育要領では**幼児期の終わりまでに育ってほしい姿**の中に「**思考力の芽生え**」、「**豊かな感性の表現**」を示している。「思考力の芽生え」は「身近な事象に積極的に関わる中で、物の性質や仕組みなどを感じ取ったり、気付いたりし、考えたり、予想したり、工夫したりするなど、多様な関わりを楽しむようになる。また、友達の様々な考えに触れる中で、自分と異なる考えがあることに気付き、自ら判断したり、考え直したりするなど、新しい考えを生み出す喜びを味わいながら、自分なりの考えをよりよいものにするようになる。」とされている。

「豊かな感性と表現」は「心を動かす出来事などに触れ、感性を働かせる中で、様々な素材の特徴や表現の仕方などに気付き、感じたことや考えたことを自分で表現したり、友達同士で表現する過程を楽しんだりし、

表現する喜びを味わい、意欲をもつようになる。」と示されている。

　上にあるように子どもなりに心を動かしたり、考えるということが積み重なり思考力となり、友達の考えに触れ判断する力が養われ、また新たな考えが生まれる中で、教師には、子どもが自分の興味・関心を深められるような環境を保障し、友達や教師などに感じたこと、考えたことを言葉や他の方法で伝えることができるような配慮が求められる。

　思考力、判断力、表現力を育むということは、思考力だけを育てる、判断力だけを育てるということではなく、子どもが遊ぶ中で、心身の諸側面が相互に発達していく中でこれらが総合的に育っていくということになる。

　幼児期から発達段階を遡るが、まず乳児期の**「基本的信頼感」**の獲得が重要となる。基本的信頼感の獲得について佐々木 (1996) は、欧米での乳児の自立に関する研究を紹介している。この研究では乳児の自立のためには乳児に過剰な保護をすべきでないという考えの下、複数の乳児院において深夜に乳児の望んだように授乳する群、授乳を望んでも授乳しない群に分け、どのような影響が見られるか調査した。深夜に授乳されなかった乳児は、最初は授乳を望んで泣きはしたものの、1 週間前後でほとんどの子どもが泣かなくなった。しかし、その後のフォローアップにおいて明らかになったことは、授乳されなかった群の乳児は欲しいものを我慢できる、忍耐強い子どもになっていたわけではなく、泣いても自分の要求が受け入れられないことから諦めてしまったというものである。乳児にとっての自己表現は泣くことであり、泣くことが乳児にできる唯一の努力である。乳児が望んだことを十分に満たすことで、人を信じる力と自分を信じる力が身につくということである。困難にぶつかった時、諦めず根気よく努力する、自分を信じる力、他者を信じる力は問題解決力に必要な要素になるのである。この基本的信頼感の獲得を基盤とし、幼児期前半に**自律性**が獲得される。

　自律性とは自分の衝動や感情を自制することと、社会のルールを守る

ことができるようになることである。乳児期に基本的信頼感を獲得している
ことでスムーズに育つものである。この時期はトイレットトレーニングを中心とし、その他、食事などのしつけが行われる。親や保育者は根気よく子どもに伝えていくが、重要なことはそれを大人主導で行うのでなく、子どもが自分でするということを自分で決めさせることである。子どもが排泄を済ませるまでトイレから離れてはいけないというように決めることは、子どもにとって他者にコントロールされていることになるので自律とは言えない。自律性が育つことにより幼児期後半に獲得されることが望ましいと言われている**「自発性」**がスムーズに育つ。

　自発性は想像力・創造力の基盤となり思考力の芽生えとなるものである。大人から見ると「何が面白いのだろう？」というようなことを毎日繰り返したり、いたずらに見えることをしたりするが、これは子どもにとっては自分から周囲の環境に働きかけ、対象物の性質を知るために自分が納得いくまで実験のように行っているものである。また、事物を探究する中で自分の体力、知力、能力を確認し、自己調整しながら問題解決へと導いていくことができるようになっていく。

3)　小学校教育に連続する学び

　先に挙げた思考力、判断力、表現力は問題解決力につながる重要な力である。例えば、子どもたちは友達と「お化け屋敷」を作る中で言葉による伝え合い、どのようにしたらいいものができるか考え、素材に触れ、素材の特性を子どもなりに知り、試行錯誤しながら準備を進め、問題が生じた際は自分達で解決しようとしたり、教師に相談したりする。この遊びの中で子どもなりに表現し、考え、判断しながら問題解決していることが窺える。

　このように子どもは自分の経験したことを幼稚園のごっこ遊びの中で再現することがある。その際、より本物らしく工夫するために絵本、図鑑、写真などを見たり、時には新聞やインターネットを活用するなど教

師は環境を整え子どもの興味、関心に応じることができるよう配慮が必要である。また、その際、子どもが自ら考え判断できるようヒントを与える程度に留めることが大切である。大人主導になってしまうと大人がイメージしたものにとらわれてしまい、大人には思いつかないようなユニークな表現を存分に発揮できなくなってしまう可能性もあるからである。

　幼児期の終わりまでに育ってほしい姿を踏まえた指導を工夫することにより、小学校教育において児童が主体的に自己を発揮しながら学びに向かうことが可能となっていくといわれている。

⑶　児童期における問題解決能力の育成

　幼児期は教師がそれぞれの時期にふさわしい環境を作り、遊びを通して指導するという形で子どもの成長・発達を促し、学びを深めていくが、小学校教育ではこれらをどのように育んでいるのだろうか。全国学力・学習状況調査（平成 19 年 4 月実施）において基礎的知識を問う問題では平均正答率 72 〜 82% に対し、知識を活用する力を見る問題では 61 〜 72% と 10 ポイント程度低い結果となった。この結果から知識・技能を習得するだけでなく、それらを活用する力を育成することの必要性が問われた。従来から問題解決力の重要性について示されていたが、平成 20 年学習指導要領において「確かな学力」の育成の充実が図られた（文部科学省, 2008a; 2008b; 2008c）。平成 29 年告示された小学校学習指導要領においても、現行の学習指導要領の枠組み、教育内容（知識及び技能の習得と思考力、判断力、表現力等の育成のバランスを重視するもの）の維持の上に知識の理解の質をさらに高め、確かな学力を育成することが示されている。

　学校教育法第 30 条第 2 項において「思考力、判断力、表現力等」とは「知能及び技能」を活用して課題を解決するために必要な力と規定されている。

> **「知識及び技能を活用して課題を解決する」思考・判断・表現の過程**
> ・物事の中から問題を見いだし、その問題を定義し解決の方向性を決定し、解決方法を探して計画を立て、結果を予測しながら実行し、振り返って次の問題発見・解決につなげていく過程
> ・精査した情報を基に自分の考えを形成し、文章や発話によって表現したり、目的や場面、状況等に応じて互いの考えを適切に伝え合い、多様な考えを理解したり、集団としての考えを形成したりしていく過程
> ・思いや考えを基に構想し、意味や価値を想像していく過程

　学習指導要領において、課題を解決するために必要な思考力、判断力、表現力、その他の能力を育み、児童が主体的に学習に取り組む態度を養うために、児童の発達を考慮し「児童の言語活動など学習の基盤をつくる活動を充実する」としている。児童は知能や技能を基に思考力、判断力、表現力などを深めていく。しかし、思考力、判断力、表現力などがなければ新たな知識や技能を習得することはできない。そのため教師は両者の相互関係を見通しながら上に示されている過程を踏まえ、児童が基本的な知識や技能を確実に習得できるようにしていくよう各教科の特質に応じて計画、指導を行っていくことが重要である。

1)　問題解決学習と課題解決学習

　問題と課題は似たような言葉だが学習指導上区別する場合もある。「問題」は、児童から提起され自ら見出すもので、解決されるべきものであり、児童生徒に既知の知識や法則があり、かつ未知のものが存在するものである。一方、「課題」は、教師から提起され、児童にとっては与えられるもので達成されるべきものであり、未知のものはないものである。

　問題解決をする過程が組み込まれた学習形態には**問題解決学習、課題解決学習**とよばれるものがある。

問題解決学習

・児童が直面する具体的な学習問題を捉え、その問題の解決のための思考活動を行って究明・解決を図っていく過程で問題解決の諸能力を育成しようとする学習形態。

・児童が自らの興味・関心に基づいてテーマを設定し追究することが基本となる。

課題解決学習

・知識の体系を重視しながら問題解決学習の方法を取り入れた学習形態。特定の課題を様々な角度から追究したり、問題解決の遂行、創造活動などを行う学習。

・教師が学習目的遂行のため設定したテーマについて学習することが基本となる。

　学習指導要領第1章総則においても「各教科等の指導に当たっては、体験的な学習や問題解決的な学習を重視するとともに、児童の興味・関心を活かし、自主的、自発的な学習が促されるよう工夫すること。」と明記されており、自ら学び、考える力を育成することを重視している。

　例えば、小学校理科で「夏に収穫できる野菜について調べてみましょう。」というものは課題で、課題に取り組んでいる間に「きゅうりについて知りたい、調べたい。」というように興味・関心が生じ、自分から調べてそのものを知ろうとする時には問題ということになる。

　しかし実際は、この例のように、問題解決学習と課題解決学習は厳密に分けにくくなっており、「夏に収穫できる野菜について調べてみましょう。」というように与えられたものであっても、児童がそれを自分の問題として受け止め、解決していこうとするのであればそれを「問題」と

捉えることができる。

2) 問題解決的な学習の基本的な流れ・配慮点

「問題解決的な学習」の基本的な流れは以下の通りである。

① ある事象や課題、問題等と出会う
② 漠然とした疑問や問題意識が生じる
③ 関わり合うことを通して、自分の問題としてとらえ始める（**問題発見**）
④ 疑問を解かずにはいられない意識が芽生えてくる
⑤ 既有の知識・理解、経験等を基に、解決する見通しを立てる（**解決計画**）
⑥ 解決に向けて調査・実験・観察等の作業を行う（**問題解決**）
⑦ 情報を収集し、客観的な知識・理解を獲得する
⑧ 解決された内容について相互に発信する（**共有化**）
⑨ 発表や話し合いを通して、新たな問題を発見する（**深化**）

　上のように活動が連続・発展・深化するよう構造化されているが、それぞれの過程が教師の指示や発問で始められるのでなく、子どもの主体性を尊重していくことが重要である。時には、子どもなりにいろいろ調べてもなかなか問題解決しないこともあるが、ちょっとしたことがきっかけで問題解決することがある。このことから教師は問題解決の手がかりとなるものを吟味しておく必要がある。その際に教師が誘導的にならないように配慮することが望ましい。

　問題解決的な学習を展開する際の配慮事項として以下の項目が挙げられる。

① 体験的活動を組み入れる

（学習問題の発見、解決する過程、学習のまとめ等に位置づける）

② 作業的学習を多様に取り入れる

（ワークシート、操作活動、レポート作り、図表の制作等）

③ 選択型・複線型の学習活動を工夫する

（追究課題、学習資料、学習方法、まとめの方法等の選択）

④ 意思決定、自己主張の場がある学習を工夫する

（自己の考え・意見を主張する場を設ける）

⑤ グループ学習や集団学習を多様に組み込む

（気軽に話し合える場、一人ひとりの持ち味を発揮）

⑥ 振り返りの活動を位置づける

（自己評価・相互評価で成果の確認や次の学習への見通しを持つ）

⑦ 学習環境を工夫する

（オープンスペース、余裕教室、地域施設等を有効に活用する）

⑧ 地域の教育力などの導入を積極的に行う

（地域素材の活用、地域の人材の活用等）

⑨ 多様な指導形態の工夫、改善を図る

（TT の導入、交換授業、合同授業、コンピュータの活用等）

　この中で特に④の自己の考えや意見を主張できる、⑤の気軽に話し合える場であること、一人ひとりの持ち味を発揮できることが重要となる。そのためには、自分の意見や考えをまず自分のノートに記録させることで、漠然としていたことが明確になり発言しやすくなる。また、他者に自分の意見をはっきり伝えることができない子どもでもノートには自分の意見を出すことができることもある。他、支持的風土の形成、発言の仕方の育成、聞き方の育成も重要となる。**支持的風土**とは、子どもたちが気軽に話し合える雰囲気であったり、一人ひとりの持ち味を発揮できる場である。その形成のために、教師は互いの良いところを認めたり、励まし合ったり、発言や質問は自分のためだけでなく学級全体のた

めにもなるというような雰囲気を作っていくことが必要になる。発言の仕方は、学級全体で授業を作るという意識の形成を目的として聞き手の方を見て発言する、聞き取りやすい大きさ、速さで発言するといった指導を行ったり、発言の仕方がわからない子どもにもわかるよう発言の仕方を掲示したりするなど、子どもが自分の考えを相手に伝わりやすくすることで育成されるものである。一方、聞き方の育成には、発言者の方を見て聞く、誰の発言も最後まで聞く、自分の考えと比べながら聞くというように「話の聞き方」を教師が口頭で伝えるとともに掲示をするなど、聞くことが受け身にならず自分のものとして受け止められるようにすることが求められる。「聞く」ということは受け身的な学びとして捉えられがちだが、このように子どもが能動的に聞くという姿勢であればそれは「主体的に学習に取り組む態度」となるだろう。

　学習指導要領において主体的に学習に取り組む態度を養う際に、児童の発達段階を考慮し、言語活動など、学習の基盤をつくる活動を充実させることが示されている。自分の考えをノートに書く、まとめたことを相手に伝わるように発言する、また、相手の話を聞き新たな考えを見出すということが「個性を生かし多様な人々との協働を促す教育の充実」に繋がる。

　支持的風土の中で自分の良さや可能性を生かしつつ、周囲の他者を価値ある存在として尊重し、協働して様々な問題を解決していくことができるだろう。

　児童期の学びにおいて基本的信頼感の獲得から自律性、自発性の獲得が思考力、問題解決能力に繋がることについて述べたが、児童期の発達課題である**勤勉性**（自分が周囲や社会から期待されていることを自発的に習慣的に実行すること）の獲得には、友達から学ぶことと、友達に教えることの意義が大きいと言われている。数多くの友達が必要な時期であり、友達からどれくらい豊かなものを学び得たか、友達とどのくらい多くのこ

とを分かち合えたかという体験が後の人格形成に繋がるものとなる。児童期における支持的風土の中、思考力、判断力、表現力を用いて問題解決能力が育まれることは、その時の問題を解決することだけに留まらない。問題解決は生きていく営みそのものと捉え、その後の人生において生じる様々な問題に遭遇した際、活かされる学びとなるよう教師は心に留めておきたい。

 ワーク

① 児童が主体的に学ぶことを可能にする教師の役割とはどのようなものか述べなさい。
② 問題解決型学習実施において支持的風土を形成することが重要であるが、あなたが教師ならどのように支持的風土を形成していくか述べなさい。
③ 教育実習において児童が主体的に学ぶ場を観察し、以下の点を考察すること。
　・児童の学びがどのように深まり、何が育まれたのか
　・教師の教育的な意図や配慮

より勉強を深めるために
浅見均・田中正浩（2014）；『こどもの育ちを支える教育課程・保育課程論』、大学図書出版
浅見均・田中正浩（2013）；『こどもの育ちを支える保育内容総論』、大学図書出版
鹿毛雅治・木原俊行・大阪教育大学附属平野小学校（2016）；『学びを創り続ける子どもを育む主体的・協働的・創造的な授業づくり』、明治図書
豊田和子（2016）；『実践を創造する　保育原理』みらい

参考文献
神奈川県立総合教育センター（2008）；『「問題解決能力」育成のためのガイドブック──「習得・活用・探究」への授業づくり──』
佐伯胖（2013）；『多元的共生社会におけるコミュニケーションシリーズ第 2 回「学びとアート」の関係を問い直す』（講演）
佐々木正美（1996）；『生き方の道標エリクソンとの散歩』子育て協会
仲居豊（2010）；「学校教育における「問題解決」する力の育成──教育現場での実践事例から──」『園田学園女子大学論文集 第 44 号』、159-172
森上史朗・柏女霊峰編（2015）；『第 8 版保育用語辞典』

文部科学省 (2008a)：『文部科学白書　第 2 部第 2 章　「生きる力」をはぐくむ学校教育を目指して〜教育基本法改正を踏まえた学習指導要領の改訂〜』（http://www.mext.go.jp/b_menu/hakusho/html/hpaa200901/1283098_006_01.pdf）（最終アクセス　2017 年 12 月 5 日）
文部科学省 (2008b)：『小学校学習指導要領』
文部科学省 (2008c)：『小学校学習指導要領解説』
文部科学省 (2017)；『小学校学習指導要領』
文部科学省 (2017)；『学習指導要領解説総則編』
文部科学省 (2017)；『幼稚園教育要領』

第3章 「学びを広げる」徳育
——教育と指導・支援

渡辺敏・南雲成二

本章のねらい

みなさんは道徳の学習にどのような印象をもっているでしょうか。「最後には先生が大事なことを言ってくれるからあまり考えなくてもいいかな。」とか「国語とどこが違うのかわからない。登場人物の気持ちばかりを考える。」など、あまり良い印象をもっていない人も少なからずいるかもしれません。このような道徳教育の課題は以前から言われていることでした。一方で、「道徳でのディベートは、はらはらして楽しかった。」というように、クラスの友達と道徳観を話し合い、新たな一面を知ったり、また、友達の考えに感化されたりという経験がある人もいるかもしれません。教育現場では、これまでの道徳教育の反省を生かそうと、児童生徒が主体的に授業に取り組む先進的な研究もなされてきました。

平成30年に施行される道徳の指導要領はこれまでみなさんが感じてきた、道徳教育に関する課題を真摯に受け止め、それを改善するための指針が示されています。みなさんが教育の現場で、実際に道徳の授業を指導する時には、「特別の教科、道徳」の指導方法も随分と変わり、子どもたちが深く考え、生き生きと自分の考えを述べる主体的な姿が見られるかもしれません。

本章では道徳教育に関するこれまでの研究を概観した上で、これからの道徳教育について考え、実践するための学びをみなさんが深めることを目的としています。本章で学んだことを是非、実際の教育現場で実践

してみてください。みなさんが、教科の学習では見せなかった子どもの姿から道徳教育の良さを実感し、新たな実践を積み重ねていくことを心から願っています。

1　道徳性の発達　　　　　　　　　　　　　　　　　渡辺 敏

　まずはじめに、道徳教育の研究についてピアジェ（Jean Piaget, 1896-1980）とコールバーグ（Lawrence Kohlberg, 1927-1987）の研究を紹介する。ピアジェの研究以前は子どもの心の在り方については、子どもにかかわる医者や教師が経験的な知見を紹介することに留まっていた。コールバーグはピアジェの研究を継承し、さらに学齢も広げ、その道徳性の研究を行ってきた。その後も、子どもの心の道徳性の発達研究は継続的になされ、子どもに関わる様々な人々の役に立ってきた。これまでの道徳研究の基礎となってきたピアジェ、コールバーグの二人の研究について、まず概観してみる。

⑴　ピアジェによる道徳性の発達理論

　子どもの道徳性について本格的に調査した研究者としてジャン・ピアジェが挙げられる。ピアジェの研究の優れている点は、様々な学齢の子どもたちへの実際の面接と、そこでの観察を詳細に記録し、その反応から子どもの発達段階を規定した点にあるだろう。ピアジェの研究は幅広く、子どもの言語から数量や図形の認知、そして道徳性の発達にも及んでいる。ピアジェの幅広い研究を貫く見方として子どもの「**自己中心性**」が挙げられる。幼い子どもは自己中心的な見方で見たり、考えたりする段階を経て、他者の視点で考えることができるように発達する。これは道徳性についても同様である。ピアジェは**マーブル・ゲーム**という規則のあるビー玉遊びを 4 歳から 12-13 歳の子どもに実施し、その反応を分析している。第一段階は全く他者と関わらない個人的な段階、一人遊びの段階である。マーブル遊びのルールも説明できない、個人的な運動の時期であり自己中心的な段階である。第 2 段階は 4 歳から 9 歳の間に見られる自己中心性と社会性が混在する段階である。遊び方のルールの説明はでき、遊びもルールの影響を受けている。しかし他者とともに遊んでいるように見えても、実は自分を中心に遊ぶ段階である。第 3 段階は 7, 8 歳頃に始まる他者と協同的に遊べる初期の段階である。他者の意見に耳を傾け、ルールに合った遊びを試みているように見えるがまだ不完全で、曖昧な段階である。このように子どもの道徳性はまず純粋な自己中心的な段階から始まる。そして自己中心的な段階と、ルールを守る協同的な段階が混在する段階になる。この段階は大人の作ったルールを厳守し自分たちで変更することはない「**他律**」の段階である。この段階を経て、自分たちで互いの同意を得て、遊び方を変える「**自律**」（協同的な学び）の段階に発達していくことを明らかにした。

　このような三つの段階は実際の幼児・初等教育の場でも見ることができる。幼児が一人で、砂場で穴を掘っていることがある。全く他者に関心がない一人遊び、の段階（第一段階）から、徐々に他者への関心が現

れ、同様な遊びをするようになる。友達の使っている遊び道具を勝手に取り上げ遊ぼうとする自己中心的な行動も見られるようになる（第2段階の始まり）。しかし、友達がなぜ泣いているのか、他者の気持ちになって考えることはできない。学齢が上がり5, 6歳になると、社会性も徐々に発達し、ルールを厳守する遊び、ドッヂボールや鬼ごっこで遊ぶようになる。先生から伝えられたルールを厳守しようとするが難しく、先生の調整があって遊びが成立することも多い段階である。このような段階は2, 3年生（8, 9歳）頃まで続く（第2段階）。そして10歳以降、**ギャングエイジ**を迎えた子どもたちは大勢の人数でルールを話し合い、自分たちでそのルールをも守り、先生の助けをあまり受けなくても遊べるようになる（第3段階）。この段階になると、子どもたちはルールを守ることで自分たちが楽しく遊べることが分かっているので、自分たちでルールを守り、遊ぶようになる。

　ピアジェの道徳性の三つの段階は大きく、自己中心的な段階、「他律」、「自律」と発達すると捉えられている。自分でできることが増え、自己中心的にふるまう段階から、大人（保育者、教育者）の指導や仲介に頼り、その大人の良い悪いという判断を基準とした行動をする「他律」の中で仲間と過ごす段階、そして、自分たちでルールを守り、互いに守る「自律」へと発達していくのである。そして、このようなピアジェの研究成果は、コールバーグに受け継がれた。

⑵　コールバーグによる道徳性の発達理論

　ローレンス・コールバーグは道徳の発達理論の研究者として日本で最も著名ではないだろうか。荒木（1998）はコールバーグの道徳の発達理論と、そこで用いる**モラルジレンマ（道徳的葛藤）**の教材を広く日本に紹介し、その資料は小学校、中学校の道徳の授業で用いられてきている。モラルジレンマを取り入れた授業では道徳的葛藤を取り入れた資料をもとに、「もし自分ならどのように行動するか。」について友達と議論し道徳

性を高めることをねらっている。例えば、次のような場面である。「ある男の子が弱っている犬をかわいそうに思い家に連れて帰る（生命尊重）。しかし、その家では動物を飼わないという決まりになっている（規則を守る）。」このような場面で、もし自分だったらこの 2 つの道徳的価値観のどちらを大事にして行動するかについて議論するのである。このようなモラルジレンマを取り入れた道徳の授業はコールバーグの唱えた道徳性の発達段階と共に広く日本の教育で実践されてきた。

　コールバーグはピアジェの調査した児童の学齢 12 歳を 16 歳以降にまで上げ、幼児期、児童期、青年期の道徳性の発達段階を示した。その際に、モラルジレンマの学習材を用いて問い、その反応から道徳の発達段階を示したのである。また、コールバーグは道徳性を促進する要因を挙げている。一つ目は「道徳的な**認知葛藤の経験**」である。子どもたちがもっている道徳的な価値観に矛盾する場面に出会った時、そこでの葛藤を通して、初めてその子どもは新たな道徳的な価値観を自分の中で再構成し、獲得するという考え方である。子どもは道徳的な葛藤場面で考え、友達の道徳的な価値観を知り、再度、自分の考え方を見つめ直し、新たな道徳的な考えを自分の中に作り上げる。この葛藤場面の活動を通して子どもの道徳性は発達すると考えている。このような道徳的な葛藤場面を子どもが考える資料として、モラルジレンマ資料は用いられている。道徳的な葛藤場面を子どもたち同士、協力的な話し合いを通して考えることで道徳的発達は促進されると考えた。二つ目は「**相互的役割取得の機会**」である。コールバーグは具体的な葛藤場面で、自分以外の他者の視点に立って考えられることが道徳的な発達上、欠かせないと考えた。コールバーグが用いたモラルジレンマ資料の中にも他者の視点に立って考える場面が多く用いられている。それぞれの立場の人の道徳的な視点に立ち、友達とともに考えることで、自身の道徳的な価値観は再構成されると考えたのである。コールバーグの道徳性の発達理論は三つの水準と、それぞれの水準を二つの道徳的な発達段階で示している。三つの水準で

表 3-1　コールバーグの道徳性の発達段階

年齢	水準		段階		子どもの姿
	III	慣習以降の原理的水準	6.	普遍的な道徳原理に基づく道徳性	普遍的な道徳的価値を信じている。
			5.	個人の権利や価値を尊重する道徳性	社会的な契約と個人の価値、どちらの立場も考えられる。
高校生	II	慣習的水準	4.	社会的な組織を維持する道徳性	みんなの立場を考え、より良い行動を選択できる。
中学生			3.	他者の期待や評価に基づく道徳性	相手の立場に立って考えられるが、自己中心性も捨てきれない。
	I	慣習以前の水準	2.	個人主義的道徳性	自分のいいようにルールを変えてしまう。
小学生			1.	他律的道徳性	自分は欲しければお友達のおもちゃを取ってしまう。

ある、**「前慣習的水準、慣習的水準、原理的水準」**はピアジェの純粋な自己中心的な段階、他律的な段階、自律的な段階に対応している。慣習以前の水準は個人的、自己中心的な段階である。慣習的水準は社会の決まりを厳守する他律的な段階である。そして慣習以降の原理的水準は現実的には困難な問題であっても人間尊重の精神を理想的に目指す段階として位置づけられる（**表3-1**）。

　ここまで、ピアジェとコールバーグの道徳性の発達理論を概観してきた。どちらも個人の道徳性の発達を示しながらも、そこには他者との関係性が重要な要素として働いていることがわかる。このようにみると、人間の道徳性は自然に個人の中に発達するのではなく、他者との関わりの中でこそ発達すると考えることができる。

2　特別の教科　道徳の指導　　　　　　　　　　渡辺 敏

(1)　特別の教科　道徳の目標

　道徳の取り組みは 1958 年に始まり現在に至っている。小学校では平成 30 年度から特別の教科となる。検定教科書が用いられることと評価が導入されることは大きな変化である。この他にも目標、内容、指導方法などの変更点が明示された。道徳教育は学校教育全体、あらゆる教育活動を通じて適切に行うこととなっている。また、道徳科は各活動における道徳教育の要として、それらを補ったり、深めたり、相互の関連を考えて発展させたり、統合させたりする役割を果たすとされている。まず、学校全体で取り組む道徳教育の目標を以下に記す。

> 【道徳教育の目標】
> 学校における道徳教育は、特別の教科である道徳（以下「道徳科」という。）を要として学校の教育活動全体を通じて行うものであり、道徳科はもとより、各教科、外国語活動、総合的な学習の時間及び特別活動のそれぞれの特質に応じて、児童の発達の段階を考慮して、適切な指導を行うこと。（「第 1 章　総則」の「第 1　小学校教育の基本と教育課程の役割」の 2 の (2) 2 段目）

道徳科の目標は以下の内容になる。

> 特別の教科「道徳」の目標
> 第 1 章総則の第 1 の 2 の (2) に示す道徳教育の目標に基づき、よりよく生きるための基盤となる道徳性を養うため、道徳的諸価値についての理解を基に、自己を見つめ、物事を多面的・多角的に考え、自己の生き方についての考えを深める学習を通して、道徳的な判断力、心情、実践意欲と態度を育てる。（学習指導要領第 3 章第 1 目標）

　道徳科の目標は、これまでの記述であった「道徳的価値の自覚及び自己の生き方についての考えを深め」が「道徳的諸価値についての理解を基に、自己を見つめ、物事を多面的に考え、自己の生き方について考えを深める学習」と改められた。「道徳的諸価値」や「多面的に考え」とあるように、多様な価値観について児童が考えることが目標として記述された。この理由は「改訂の経緯」に示された「今後、グローバル化が進展する中で、様々な文化や価値観を背景とする人々と相互に尊重しながら生きること」という記述から読み取ることができる。

　また、「道徳的実践力を育成する」が具体的に「道徳的な判断力、心情、実践意欲と態度を育てる」と記述されている。平成 26 年の「道徳に係る教育課程の改善等」（文部科学省）の答申に「多様な価値観の、時に対立がある場合を含めて、誠実にそれらの価値に向き合い、道徳として問題を考え続ける姿勢こそが道徳教育で養うべき基本的資質である」という内容から多様な価値観の中で考えることが念頭に置かれていることを読み取ることができる。このような目標の具体的な記述は指導方法や評価の在り方に大きく関係してくる。

⑵　道徳の内容

　道徳で扱う内容については答申において「より発達段階を踏まえた体系的なものに改善する事」や「答えが一つでない道徳的な課題を一人一人の児童が自分の問題として捉え、向き合う」などの記述が示された。また、いじめの問題への対応の充実や発達の段階を一層踏まえた体系的なものとするといった観点が答申で示された。新たに加わった道徳科の内容には**表 3-2** に示した。いじめ問題への対応が新たな内容項目に盛り込まれていることが読み取れる。

表 3-2　小学校、道徳に新たに加えられた内容項目

学年	新たに加えられた内容項目
第一学年および第二学年	「自分の特徴に気付くこと」「自分の好き嫌いにとらわれないで接すること」
第三学年および第四学年	「自分の考えや意見を相手に伝えるとともに、相手のことを理解し、自分と異なる意見も大切にすること」「誰に対しても分け隔てをせず、公正、公平な態度で接すること」
第五学年および第六学年	「よりよく生きようとする人間の強さや気高さを理解し、人間として生きる喜びを感じること」

小学校学習指導要領解説 特別の教科 道徳編 p.26-27 より抜粋

⑶　道徳の指導方法とその評価

　道徳の指導方法については、これまで、お話し教材を用いて登場人物の心情を読み取る授業や学級の生活問題について話し合う授業などに偏りがちであるという課題が指摘されていた。また、単なる生活経験の話し合いや、望ましいと分かっていることを言わせたり書かせたりする指導が課題であるとされた。そのような背景から主体的で対話的な学びをねらった今回の指導要領は、道徳において「**考える道徳**」、「**議論する道徳**」への転換がねらわれている。検定教科書の導入、内容の変更などを踏まえ、毎週の授業としてどのように改善していけば良いのかについて考えてみたい。

1)　「考える道徳」、「議論する道徳」の授業に必要な要素

　まず、児童が自ら考え、議論したくなる教材が不可欠である。そのためには、まず教材は児童の発達段階に合った内容でなくてはならない。そしてその教材を教科書から扱うのか、それ以外の物を教材として用いるのか、児童の実態を考慮して、より学習のねらいに近づける教材を教師は入念に検討しなければならない。

　力のある教材が整った上で、どのように授業を構成していくのかを考えることも大切である。児童が主体的に「考える道徳」、「議論する道徳」にするために教師は発問をどのように行えばよいのかについて事前に考

56

えなくてはならない。また、板書をどのように行うと児童の思考が深まっていくのかについても事前の検討が必要になる。そして、子どもたちの話し合いをどのように集約するか、児童の記録はどのようにさせるのか、評価はどのように行うかなど、具体的な指導方法について事前に準備を行わなくてはならない。本項では「考える道徳」、「議論する道徳」に焦点を当て、教材、指導方法を具体的に考えてみたい。

2）　教材

　まず、力のある教材について考えてみる。子どもたちが考えたくなる教材は、子どもが自分と関連するものとして想像できる内容でなくてはならない。なので、子どもの生活や実態、また発達段階からかけ離れた内容であっては意味がない。その上で、子どもの心を揺さぶる内容を用意しなければならない。教材研究の第一歩として、教科書、そして物語や、新聞の記事など、教師は普段からアンテナを張り、道徳で用いることができそうな教材を探すことが求められる。また、その教材が子どもの心をとらえる内容であれば、子どもたちは主体的に考えようとするであろう。

　また、指導の基本方針に示された「(5)問題解決的な学習、体験的な活動などの多様な指導方法を工夫する」に関連し、このような指導が行える内容を準備しなくてはならない。相反する道徳的な価値について、自分と関連づけて問題解決的な学習を行える内容や多様な体験活動を生かして、道徳的な価値について考えられるような内容について検討しなければならない。

　①教科書を用いて「考える道徳」、「議論する道徳」を行う
　文部科学省の「わたしたちの道徳」はこれまで用いられてきた心のノートや各出版社から出されていた副読本に収められている読み物教材を含んだ内容で構成されている。特に読み物教材はこれまでと同様に登場人

物の気持ちを問うもので、教材の通りに進める学習を行えば、児童は道徳的に多様な価値観を考えることは難しく、特定の価値観について受け身の姿勢で学ぶことが懸念される。学習指導要領解説（文部科学省, 2017）には「読み物教材の登場人物への自我関与を中心とした学習において、教材の登場人物の判断と心情を自分との関りにおいて多面的・多角的に考えることを通して、道徳的価値の理解を深めること」と書かれている。また、「児童生徒の考えの根拠を問う発問や、問題場面を自分に当てはめて考えてみることを促す発問などを通して、問題場面における道徳的価値の意味を考えさせること」と書かれている。この2つの文章の内容のキーワードとなるのが「**多面的・多角的**」と「**自分に当てはめる**」ということではないだろうか。登場人物の心情を考えることだけでなく、その行動の背景や、他に取り得る行動がなかったかなどについて、自分が登場人物になったつもりで考えるのである。このように多面的・多角的に登場人物になったつもりで考えることで児童は主体的に道徳的な価値について考えることができるであろう。

　その行動の選択肢を考え、皆で話し合って進めることで、「多面的・多角的」に考える学習や「自分に当てはめ」て考える学習に取り組めるはずである。

　②モラルジレンマ資料を用いて「考える道徳」、「議論する道徳」を行う

　学習指導要領解説には児童一人ひとりが道徳的価値観について理解するうえで大切になる姿勢として三つを挙げている。一つ目は「人間としてよりよく生きる上で大切なことであることを理解すること」。二つ目は「道徳的な価値は大切であってもなかなか実現することができない人間の弱さなども理解すること」。三つ目は「道徳的価値を実現したり、実現できなかったりする場合の感じ方、考え方は一つではない、多様であるということを前提として理解すること」。このように道徳的価値を絶対のものとしてみるのではなく人間理解や他者理解を深めるための価

値観と考えた時に、モラルジレンマの資料は、より具体的な道徳の葛藤
場面を通して児童に主体的に考える場面を与えることができるだろう。
モラルジレンマを用いた授業には対立する道徳的な価値観がある。例え
ば「社会のルール」と「友情」といった価値観のどちらかを選ばなくては
ならない場面で、登場人物がもし自分であったとしたらどちらを選ぶの
だろうか、コールバーグの言う役割の取得をして考えなくてはならない。
自分が選んだ価値観を友達も同様に選ぶとは限らない。お互いが自分の
選ぶ道徳的な価値観が矛盾、対立した時に、話し合うことで、友達の多
様な価値観に触れ、その価値観を多面的・多角的に考察し、自己の生き
方、考え方について深めることができるようになる。

3) 指導方法

①【低学年】 即興表現を取り入れた指導

　1年生から6年生までの道徳の授業を考えた時、その発達段階に合っ
た指導方法を考えなくてはならない。「考える、議論する道徳」は1年生
のはじめからは難しい取り組みであり、その基礎となる指導を考えるこ
とが大切になる。道徳の指導において言語活動が重視されているが1,
2年生はまだ、自分の意見を言うことや話し合うことが十分にできない
児童もいる。言語より早く、身体を通した表現は幼児期から慣れ親しん
でいる。身体を動かした学習では、自分や友達の表現を楽しむことがで
きる発達段階である。学習指導要領解説　特別の教科道徳編（文部科学省、
2017）には「道徳科に生かす指導方法の工夫」ア〜キの7項目が述べられ
ている（**表3-3**）。オの「動作化、役割演技等の表現活動の工夫」には児童
に特定の役割を与えて即興的に演技する役割演技の工夫や動作化の工夫、
実際の場面の追体験などが挙げられている。低学年児童の発達の特徴と
して役割演技を取り入れた即興表現が好きであることが挙げられる。お
年寄りに席を譲ることは、どの児童も大切だと思っていても、実際にで
きる児童はそう多くはない。そこで実際にお年寄りに席を譲る場面を、

おじいさん役、席を譲る子ども役を与えて即興で表現させるのである。同じ場面の演技を、子どもを代えて何度も繰り返し行う。低学年の児童は演技をするのも、見るのも好きである。このような発達段階になった指導を通して、頭の理解だけでなく、身体を通した身体性を大切にした指導も有効である。

表 3-3　道徳科の特性を生かした学習指導

ア	教材を提示する工夫
イ	発問の工夫
ウ	話合いの工夫
エ	書く活動の工夫
オ	動作化、役割演技等の表現活動の工夫
カ	板書を生かす工夫
キ	説話の工夫

小学校学習指導要領解説 特別の教科 道徳編 p.84-86（4）道徳科に生かす指導方法の工夫 より抜粋

②【中学年】　体験的な活動を取り入れた指導

　中学年は身体性や社会性が発達し、協同的な活動やペアやグループでの話し合い活動を通して学習を進めることができるようになる。先に挙げたモラルジレンマ教材を扱った話し合い学習もできるようになる。このような発達段階だからこそ、様々な道徳の指導方法も可能になってくる。学習指導要領解説の「学習指導の多様な展開」には「体験の生かし方を工夫した指導」として、児童が日常の体験やそのときの感じ方や考え方を生かして道

図 3-1

徳的価値観の理解を深めたり、自己を見つめたりする指導の工夫をすることが大切である、と述べられている。右の写真（**図 3-1**）は視力にハンディキャップのある人の疑似体験と、その支援の体験の様子である。児

童は今まで目で見ていた世界を、視力を借りずに生活することで、視力にハンディキャップをもつ人の立場になって考えることができる。また、支援する児童は、どちらに立って、どのように声をかければ相手が安全に行動できるかを実際の体験と、終わった後のペアとの話し合いを通じて考え、理解することができるのである。この後、このクラスでは総合的な学習の時間を使って、近隣の特別支援学校に通う視力にハンディキャップのある児童との交流会を行った。このような実際の体験と体験を基に相手のことを考える活動を通して道徳的な心情や態度は育っていくのではないだろうか。

③【高学年】各教科との関連を持たせた指導

「各教科と道徳科の指導のねらいが同じ方向であるとき、学習の時期を考慮したり、相互に関連を図ったりして指導を進めると、指導の効果を一層高めることができる」と学習指導要領解説の「学習指導の多様な展開」には書かれている。右の写真（**図3-2**）は6年生

図3-2

が総合的な学習の時間に地域の商店や施設に実際に働きに行った時の写真である。実際に働きに行く前、児童の多くは「働くことはお金を稼ぐこと」と考えていた。しかし、何度も時間をかけて大人の方々と一緒に働き、働くことについて話を聞くことで、働くことは周りの人の役に立つことであることが感じられるようになってくる。学習を終え、自分の学んだことをまとめ、それぞれ働いた場所ごとにどのようなことを学んだかを発表する。すると、お寺であっても八百屋さんであってもお豆腐

屋さんであっても、働くことの意味には実に共通性が多いことに気づく。児童自ら主体的に社会に関わり、体験を通して考えることで道徳的な判断力、心情、実践意欲と態度は確実に育っていく。

　以上のように、低学年、中学年、高学年での既存の教科書を使った道徳指導以外をあえて紹介してきた。道徳教育は道徳科中心に置きながら各教育活動と相互に連携を取ることによって多様で効果的な指導方法が可能になる。教師は自らの指導方法を広げ、児童自らが自身の道徳的な学びを主体的で実践的な学びに広げる手助けをしなければならない。

4）　評価

　道徳が特別の教科になったことから、児童の道徳の学習を評価することが義務づけられた。平成 28 年 7 月「『特別の教科　道徳』の指導方法・評価等について（報告）」（文部科学省）において、数値による評価ではなく記述式とすることや、他の児童との比較による評価ではなく、児童生徒がいかに成長したかを積極的に受け止めて認め、励ます個人内評価として行うことなどが示された。教師は道徳の授業 1 時間ごとの児童の学びの様子をしっかり把握しなくてはならない。そのためには授業中の話し合いの様子や発言だけでなく、児童の考えを記した文章を継続的に評価することが大事になる。先の道徳科の特質を生かした学習指導の 7 つの工夫の中に、「エ　書く活動の工夫」がある。児童が自分自身にじっくり向き合い、自らの考え方や生き方について書くことを通して考えさせたい。このような毎回の記録を【道徳ノート】として継続して取り組むことで児童は自らの成長を実感することができる。また、教師は授業では取り上げられなかった児童のノートに書かれた発言にコメントを入れ、児童がいかに成長したかを積極的に評価することができる。

　これまでに道徳の教材や指導方法、評価等について述べてきた。児童が道徳的諸価値について理解し、自分の生き方について考えを深めてい

くには、日頃の道徳の指導に加え、学級経営も大切になる。

　児童同士が協同的に学び合える関係であり、教師が個々の児童の成長をしっかり把握し、励ます存在であってこそ、一人ひとりの児童は自らの道徳的な価値観を積極的に表し、話し合い、自らを振り返って成長しようと考えるものである。道徳の授業を要としながらも、他教科の指導においても、児童自ら主体的に取り組み、深く考え、議論し、多様な価値観を認める学習と学級風土を「見つめ」、育てていくことが教師には求められる。

ワーク

① 　コールバーグの発達理論の6つの段階の子どもの姿を具体的に考えて書きましょう。

② 　低学年の発達段階に合った道徳の授業を考えて、書いてみましょう。

③ 　高学年で道徳と他教科を関連させた授業について考えて、書いてみましょう。

参考文献

荒木紀幸編（1996）；『資料を生かしたジレンマ授業の方法』明治図書．

荒木紀幸編（1998）；『道徳教育はこうすればおもしろい―コールバーグ理論とその実践―』北大路書房．

井ノ口淳三編（2016）；『道徳教育』学文社．

市川功（1999）；『認識と情意―ピアジェ思想の観点・制約・背景―』北樹出版．

文部科学省（2017）；小学校学習指導要領解説、特別の教科道徳編．

ローレンス・コールバーグ（1987）；『道徳性の発達と道徳教育―コールバーグ理論の展開と実践―』広池学園出版部．

R・デブリーズ、L・コールバーグ著、加藤泰彦監訳（1992）；『ピアジェ理論と幼児教育の実践―モンテッソーリ，自由保育との比較研究―上巻』北大路書房．

J・ピアジェ著、大伴茂著（1957）；『臨床児童心理学Ⅲ、児童道徳判断の発達』東京同文書院

Jean Piaget,（1930）; *Le Jugement moral chez L'enfant*, INSTITVT J-J. ROUSSEAU,GENEVE.

Lawrence Kohlberg,（1971）, *Stages of moral development as a basis for moral education*, Center for Moral Education, Harvard University

Rheta DeVries,Lawrence Kohlberg,（1987）; *Programs of Early Education, -the Constructivist View-*, Longman Inc, USA, New York.

3　特別活動のねらいと学習づくり　　　　　南雲成二

　幼児保育・児童教育の実践の基盤となる「育」については、次の「八つの育」を相互に関連させて捉えましょう。保育・療育・養育・愛育・教育・知育・体育・徳育。併せて学びを広げるキーワードとして、①三つの"**けん**"（発見・探検・ほっとけん）②三つの"**あん**"（安全・安心・安定）③三つの"**ぶ**"（遊ぶ・喜ぶ・学ぶ）④三つの"**き**"（元気・勇気・根気）を忘れずに、粘り強く楽しさを大切に積極的に実践に取り組みましょう。

　本節で考察する「学びを広げる徳育」は、小学校教育課程に位置づけられている特別活動や特別の教科道徳や総合的な学習の時間を中心に展開します。2016 年（H28）12 月 21 日付け「中央教育審議会最終答申第197 号」を土台に、2008 年（H20）告示版小学校学習指導要領と 2017 年（H29）告示版を比較検討しながら各教科のねらいを理解し、実践に紡い

でいきましょう。

⑴　教育課程「特別活動」について

　特別活動とは、どのような教育活動なのか。特別活動とは、児童の自治的な能力や自主的な態度を育み、学習力の向上と共に人間関係力の伸長を目指して営まれる教育活動である。その「a) 目標」と「b) 主な活動」は以下の通りである。

　a) 集団や社会の形成者としての見方・考え方を働かせ、様々な集団活動に自主的、実践的に取り組み、互いのよさや可能性を発揮しながら集団や自己の生活上の課題を解決することを通して、次のとおり資質・能力を育成することを目指す。
　①　多様な他者と協働する様々な集団活動の意義や活動を行う上で必要となることについて理解し、行動の仕方を身に付けるようにする。
　②　集団や自己の生活、人間関係の課題を見いだし、解決するために話し合い、合意形成を図ったり、意志決定したりすることができるようにする。
　③　自主的、実践的な集団生活を通して身に付けたことを生かして集団や社会における生活及び人間関係をよりよく形成するとともに、自己の生き方についての考えを深め、自己実現を図ろうとする態度を養う。
　b)〔学級活動〕・〔児童会活動〕・〔クラブ活動〕・〔学校行事〕

　これらの内容は、それぞれ独自の目標と内容をもつ教育活動であるが、最終的には「特別活動の目標」を目指して営まれる教育実践活動である。したがって、特別活動の目標と各活動の目標と各活動・学校行事の目標には密接な関係があることについて深く理解するとともに、各小学校の

教育活動との連携・接続・協働を十分に考慮し関連を丁寧に図って計画し、授業展開（学習指導・支援）を進めることが大切である。

　参考文献として紹介してある「小学校学習指導要領（平成 29 年 3 月 31 日告示）比較対照表」と、時代を拓く小学校・中学校・高等学校の特別活動の役割や、幼保小連携・接続を丁寧に紡ぐ特別活動のデザインや評価・改善については『中央教育審議会最終答申第 197 号』を熟読してほしい。ここには、特別活動のねらいである＜お互いに自分のよさを生かしながら、よりよい人間関係を育むための**思考力・判断力・表現力**の育成と伸長＞のための実践指標が示されている。

　主な観点：①特別活動において育成を目指す資質能力の整理、②特別活動における教育のイメージ、③特別活動における学級活動・ホームルーム活動の学習過程のイメージ、④特別活動における児童会活動・生徒会活動の学習過程のイメージ、⑤特別活動におけるクラブ活動のイメージ、⑥特別活動における学校行事の学習過程のイメージ。

⑵　特別活動の授業（学習）づくりと「評価規準」の捉え

　もっと自主的に行動できる児童を育てたい。仲良く協力できる学級をつくりたい。全校児童を生き生きさせたい。学校を元気にしたい。＜・児童の笑顔・教師のやりがい・保護者の信頼を紡ぎ織りなす特別活動の充実をめざしたい＞。その願い、課題を実現（実行）していくための「授業づくり・学習づくり」に欠かせないのが、文部科学省国立教育政策研究所教育課程研究センターが、2011（H23）年 11 月に刊行した『評価規準作成、評価方法等の工夫改善のための参考資料［小学校　特別活動］』である。

　「評価規準」は、授業設計、授業評価、学習単元デザイン、学級経営の主要観点として積極的に活用するとともに、日々の学習指導・支援や生活指導・支援にも運用していくことが大切である。もちろん、学期末の「あゆみ」作成や学年末の「学習指導要録：活動の記録」における重要

観点であることは言うまでもない。注意しておきたいことは以下の事柄である。

　特別活動における児童生徒の活動については、各学校において各活動・学校行事に共通する評価の観点を設定し、各活動・学校行事ごとに評価の観点に照らして十分に満足できる状況にあると判断される場合に欄内に○印を記入する。したがって、例示された評価の観点及び評価規準に盛り込むべき事項を踏まえ、各学校において「具体的な評価規準を設定する必要」があるということである。

表3-4　小学6年を例に「観点」と「学級活動（1）学級や学校の生活づくり」の評価規準例

観点	集団活動や生活への関心・意欲・態度	集団の一員としての思考・判断・実践	集団活動や生活についての知識・理解
趣旨	学級や学校の集団や自己の生活に関心をもち、望ましい人間関係を築きながら、積極的に集団活動や自己の生活の充実と向上に取り組もうとする。	集団の一員としての役割を自覚し、望ましい人間関係を築きながら、集団生活や自己の生活の充実と向上について考え、判断し自己を生かして実践している。	集団活動の意義、より良い生活を築くために集団として意見をまとめる話し合い活動の仕方、自己の健全な生活のあり方などについて理解している。
話し合い活動	◇学級や学校生活の充実と向上に関心をもち、話し合いのための準備などに進んで取り組もうとしている。 ◇司会グループや学級の一員として、話し合いに積極的に取り組もうとしている。 ◇決まったことを大切にし、準備や計画に取り組もうとしている。	◇議題について自分の考えをもち、効率よく進めることができるように考え、準備している。 ◇より良い学級や学校づくりに向けて考え、判断し、前向きに話し合っている。 ◇決まったことを大切にし、互いに信頼し合って実践している。	◇活動の意義や進め方について理解している。 ◇計画（運営）委員会による円滑な進め方などについて理解している。 ◇決まったことの意義や、効率的に実践することの方法などについて理解している。 ◇お互いの良さや特異性を理解し、協働している。
係活動	◇自分の良さや友の良さを生かす活動に、進んで取り組もうとしている。	◇見通しをもって活動計画を立て、互いに信頼し合って実践している。	◇経験を生かし係活動の意義や効率的な進め方などについて理解している。
集会活動	◇楽しく豊かな集会にするために進んで活動に取り組もうとしている。相手の良さや努力も認めようとしている。	◇活動の見通しをもち、互いの良さを理解しあい、創意工夫もしながら、信頼を深め合いながら実践している。	◇集会活動の意義や集会の運営の仕方などについて理解し、お互いの経験を生かし合っていこうとしている。

国立教育政策研究所（2011）評価規準の作成、評価方法等の工夫改善のための参考資料［小学校 特別活動］より引用

(3) 特別活動「学習指導案」の書き方
──学級活動 (1) 学級や学校の生活づくりを例に

平成 23 年 11 月版『評価規準の作成、評価方法等の工夫改善のための参考資料［小学校　特別活動］』を基盤とする。今後「新学習指導要領」と相補的に「学習指導要録」が示され、評価規準も改訂されていくが、基本的なおさえ、要点は 23 年版を丁寧に参考にする。

小学校の実践発表会（実習予定校の校内授業研究会や区・市・県・国等の指定研究校の授業研究と指導案）を実際に調べてみる。また、自分が所属する大学学部の同専攻の先輩の方々の教育実習における特別活動学習指導案や授業記録に積極的に学ばせていただくと良い。また、自分自身の小学校学習体験を想起し、クラス学年の友や先生方と真剣に取り組んだ事柄、楽しく実践した事柄から具体的に学習展開・授業構想を立てていくことも、とても大切である。

小学校教育実習（4 週間）に出かける前に、テーマ（題材や議題）を選び、模擬授業の指導案を実作してみることを薦めたい。まず授業構想（教え手も学び手もともに納得のいく学習単元をデザインする）をしっかり練って、「学習指導案」に表現してみると良い。特別活動は、「論より証拠」である。代理不可能性に満ちた一人ひとりの児童を慈しみ、大切にし合う日々の積み重ねがあればこそである。

表 3-5　学級活動指導案モデル

第〇学年〇組　　学級活動指導案
〇年〇月〇日 (〇) 第〇校時　〇〇教室　指導者〇〇〇〇

1　議題（または題材名）

2　児童の実態と議題について
(1) 児童の実態｛学級での児童の生活の実態や、これまでの学級での取り組み等該当学年の評価規準（別表参照）を踏まえた話し合い活動における課題や目指す方向等。｝
(2) 議題（題材）設定理由｛取り上げる議題（題材）の内容、今まで取り組んだきたこととの関連、その議題（題材）を取り上げる意義、議題と児童の関連等｝

3 評価規準 ＜指導者の立場で記述する＞

集団活動や生活への関心・意欲・態度	集団の一員としての思考・判断・実践	集団活動や生活についての知識・理解

☆学習指導要領の目標及び内容を踏まえて、各学校・学年でおさえた「評価規準」に沿って、該当学年経営（創造）や学級経営（創造）の実践的評価規準を可視化（見える化）する。

4 本時のねらい

{〜に取り組もうしている。〜をよく理解し実践している。〜について主体的に考え積極的に行動している。文末表現の工夫}

5 事前の活動

日時	児童の活動	教師の指導・支援	学習評価（自己・交流）
月日	「話し合いの計画をねる」など児童の立場で記述する ※学級活動(2)と関連して「調査」「アンケート」などを実施する場合は児童の目線立場で記述する。	指導・支援者の立場で記述する。具体的な手立てや教材・教具・学習材などを記述する。	事前や本時の学習活動の中で、どのように評価規準が位置づけられているかが読み手によく分かるように記述する。

話し合いの順序（学習活動）	教師の指導・支援	学習評価（自己・交流）
1. 2. ☆具体的に記述する。 Ex：はじめの言葉 議題の確認 提案理由の確認 話合い（協議・熟議） 決定事項の確認・継続審議の内容等 先生の話 おわりの言葉 ・話し合いの順序が分かるように記述する。	○ ○ ☆話し合いの活動に沿って、指導。 ・支援の意図（願い）、重点、工夫、手立てなどについて留意すべきことを具体的に記述する。 →→わかる・できる・つかえる・もっとやりたくなるの『るの学力』形成、経験力の伸長を促すようにする。 ☆文章表現について、「○○の児童には、□□を大切に、◇◇を促し、実践意欲を高める。」など、具体的な指導・支援が分かるように記述する。	＜思考・判断・行動協働・行為・実践＞ ☆評価規準を基にして学級・学年の実態や学習風土を考慮しながら、「十分満足できる活動の状況」を出来る限り具体的に設定するよう努める。 ☆評価方法も記述する。 ・発言の内容 ・行動の様子 ・ノートの取り方や活用・学習活動への参加意欲や態度など

7　事後の活動

日時	児童の活動	教師の指導・支援	学習評価（自己・交流）
月日	児童の立場で分かりやすく記述する。	指導・支援者の立場で記述する。学習材・教材・教具等具体的に示す。	・学習活動と評価規準が一体的（指導と評価の相補）に把握できるようにする。

国立教育政策研究所（2011）評価規準の作成、評価方法等の工夫改善のための参考資料［小学校　特別活動］より引用

ワーク：特別活動「学習指導案」を書いてみよう！

前ページ指導案枠を活用して、模擬授業用「学級活動指導案」を作成してみよう。
・例1　第2学年〇組　学級活動指導案　「2年〇組のクラス目標をつくろう」
・例2　第3学年〇組　学級活動指導案　「友達のよいところを探して伝え合おう」
・例3　第4学年〇組　学級活動指導案　「ありがとう給食をしよう」
・例4　第5学年〇組　学級活動指導案　「5生になって」
・例5　第6学年〇組　学級活動指導案　「〇組のタイムカプセルを作ろう」
　　　　　　　　（幼児保育・児童教育専攻　協働模擬授業研究会指導案例より）

自分自身の小学校体験の中から、テーマを見つけることもよい。小学校訪問や授業研究会を通して学び手（児童）とともに話し合ったり、行動してみたい物・事・様からテーマを考えることもよい。例えば、

幼保小連携・接続を意識した1年生の学級経営と関連させて
（スタートカリキュラム、幼小・保小の連携・接続カリキュラムを大切にして）

低学年の学級経営のポイントと関連させて
（生活科学習、縦割り班活動や低中高の異学年交流学習やペア学習などを素材にして）

中学年の学級経営のポイントと関連させて
（宿泊体験学習や1／2人式（一つ二つ三つ…九つと十歳等を大切な学習チャンスとして）

高学年の学級経営のポイントと関連させて
（クラブ・委員会や児童会との関連、地域や関連機関との関連、小中高接続・一貫を生かして）

参考文献
乙訓稔編（2013）；『幼稚園と小学校の教育―初等教育の原理―改訂版』、東信堂
国立教育政策研究所　教育課程センター（2011）；『評価規準の作成，評価方法等の工夫改善のための参考資料【小学校　特別活動】』、教育出版
国立教育政策研究所　教育課程センター（2013）；『楽しく豊かな学級・学校生活をつくる　特別活動（小学校編）』文部科学省

文部科学省 (2015) ；『論点整理』文部科学省

中央教育審議会 (2016) ；『2016.12.21 中央教育審議会最終答申　第 197 号』文部科学省

南雲成二編 (2018) ；『小六教育技術 3 月号増刊　指導要録―記入のポイントと文例―』、小学館

文部科学省 (2017) ；『小学校学習指導要領（平成 29 年 3 月 31 日公示）比較対照表』

文部科学省 (2017) ；『幼稚園教育要領（平成 29 年 3 月 31 日公示）比較対照表』

文部科学省 (2018) ；『小学校学習指導要領（平成 29 年公示）』

文部科学省 (2018) ；『小学校学習指導要領（平成 29 年公示）解説　特別活動編』

文部科学省 (2018) ；『小学校学習指導要領（平成 29 年公示）解説　総則編』

第4章 「学びを活かす」体育
──心身の健康と教育

島﨑あかね

本章のねらい

　私たちヒトという生き物は、他の哺乳動物と比べるとからだの様々な機能が未成熟、未発達の状態で生まれ、保護者をはじめとする周りの大人の手を借りながら少しずつ機能が発達していきます。例えば新生児は首もすわらず、たて抱きもできませんが、生後2か月頃から首がすわり始め、音や光など興味のある方向に自分で首を向けるようになります。そのうち寝返りをうてるようになり、「お座り→つかまり立ち→一人歩き」という順序で一つ一つの動きを獲得していくのです。つまり、子どもは大人（成人）を単にミニチュアにしたのではなく、日々の生活の中での体験、経験がからだをつくり、こころを育てていくのです。本章では、乳幼児期から小学校期にかけて、子どものからだとこころがどのように発育発達するのかを学ぶとともに、保育・教育の現場で行われている運動遊びや体育が子どもたちのからだとこころにどのような影響を及ぼすのかについて考えてみましょう。

1　からだづくりと運動指導　　　　　　　　島﨑あかね

(1)　子どものからだに起こっていること（体力・からだのおかしさの実情）

　現代の日本社会は科学技術の飛躍的な発展などにより、生活が豊かで利便性の高いものになっている。しかし、生活全体が便利になったこと

は、必ずしも高い体力や多くの運動量を必要としなくなっており、子どもにとってはからだを動かす機会を減少させただけでなく、移動手段としての歩行や家事の手伝いなどの機会をも減少させている。また都市化や少子化が進展したことは、社会環境や人々の生活様式を大きく変化させ、子どもが**遊ぶ空間**、**遊ぶ仲間**、**遊ぶ時間**（**3つの間**）の減少、さらには交通事故や犯罪への懸念などが子どもだけで遊ぶ場所や時間をさらに奪うことになり、戸外でからだを動かして遊ぶ機会の減少を招くことになっているのである。

　このような社会の変化は幼児においても同様の影響を与えており、結果的に幼児期からの多様な動きの獲得や体力・運動能力に影響を及ぼしていると考えられる。子どもにとってからだを動かして遊ぶ機会が減少することは、その後の児童期、青年期への運動やスポーツに親しむ資質や能力の育成を阻害するだけでなく、意欲や気力の減弱、対人関係などコミュニケーションをうまく構築できないなど、子どものこころの発達にも重大な影響を及ぼすことも懸念されている。さらには子どもの頃の健康だけでなく成人期の健康の土台づくりに影響しているのである。

　では、実際の子どもの体力にはどのような変化が見られるのだろうか。子どもの体力については50年以上も前から文部科学省（前文部省）を中心に、「体力・運動能力調査」が毎年実施され、その結果が10月（体育の日前後）に発表されている。Nishijimaらによると、1964〜1997年の調査結果から1985年頃をピークに子どもの体力が長期的な低下傾向にあることが報告されている（Nishijima T *et al.*, 2003）。この状況を危惧した文部科学省や日本体育協会が様々な取り組みを策定したことにより、幼稚園・保育所等や学校、家庭において子どもが身体活動に取り組みやすい環境づくりが促された結果、体力や運動能力の低下傾向は2000年頃を境に変化し、現在に至るまで緩やかな上昇傾向がみられるようになった。しかしながら、その値は1985年頃のピーク時に比べると十分とは言えず、低い水準のまま推移しているのが実情である。さらに、学校

の体育以外に運動・スポーツをあまり行っていない（運動習慣があまりない）子どもたちの体力はあまり改善されていないという最新の報告もあり、「運動をする子ども」と「運動をあまりしない子ども」の二極化がますます進んでいることが窺える。

　一方、『子どものからだと心白書』(2014) によると、「"疲れた""だるい""かったるい"を連発する子ども」や「午前中に元気のない子どもが多い」といった最近の子どもたちの様子は、自律神経機能の育ちそびれや不調が原因にあるとしている。自律神経にはからだを興奮状態にして、からだを活発に動かすために働く交感神経と、からだにエネルギーを蓄積する方向、つまり食事中や睡眠中などからだを休めている時に働く副交感神経があり、この二つがバランス良く働くことで睡眠と覚醒を繰り返し、生活リズムとして形成している。朝、太陽の光を浴びることによって副交感神経から交感神経へ働きが切り替わり、体温も上昇し日中の活動的な運動に適応できるようになる。日中の活発な活動は、血糖値を下げ食欲も旺盛になるため、昼食やおやつ、夕食をしっかり食べることにも繋がっているのである。ところがこの自律神経活動が育ちそびれたり不調が続いたりすると、活発な活動を行うだけの意欲が減退し、日中の活動量が減少して空腹感や適度な疲労感が得られず、食事や睡眠にまで影響を及ぼしてしまうのである。

⑵　運動遊びや身体活動がもたらす効果

　では、なぜ乳幼児期から運動遊びや身体活動が必要なのだろうか。運動遊びや身体活動がもたらす効果について考えてみる。

　乳幼児期は、からだの成長とともに運動機能が急速に発達し、多様な動きを身につけやすい時期である。そのため、この時期に多様な運動刺激を与えて、体内に様々な神経回路を複雑に張り巡らせていくことが重要になってくる。神経回路が発達すると、タイミング良く動いたり、力の加減をコントロールしたりするなど、運動を調節する能力が高まり、

普段の生活での必要な動きを始め、とっさの時に身を守る動きや将来的にスポーツに結びつく動きなど、基本的な動きを身につけやすくなるのである。人間の生活に必要な「**立つ**」「**歩く**」「**走る**」「**投げる**」といった基礎的な動作パターンのすべてが発生し、繰り返し行われることで質的にも洗練されていく重要な時期なのである。一般的に子どものからだの成長は「**スキャモンの発育・発達曲線**」を用いて示されるが、成人（20歳）の値を 100 とすると、①一般型（身長、体重など全身的形態や筋、骨格などの成長）、②神経型（脳や感覚器官などの発達）、③リンパ型（ホルモンや内分泌腺などに関する器官の発達）、④生殖型（生殖器官の発達）のそれぞれは一様のカーブを描くのではない。神経型で示される脳や感覚器官などは出生後速やかに発育し、4〜5歳で80％以上の発達が完了すると言われている。つまり、乳幼児期における様々な運動刺激を繰り返し受けることによってより多くの神経回路が発達することに繋がっているのである。ところが、現代の幼児の遊びは活発にからだを動かすものが少なくなっている。ある調査によれば、子どもがよく行う遊びの1位は公園の遊具（滑り台、ブランコなど）を使った遊びであるが、2位「つみ木やブロック」3位「人形遊び、ままごとなどのごっこ遊び」4位「絵やマンガを描く」5位「ミニカー、プラモデルなどおもちゃを使った遊び」と、からだを動かさない遊びが上位を占め、逆に「自転車・三輪車など」は減少傾向にあるとされている（ベネッセ 2016）。からだを動かさない遊びの多くは室内で行われ、からだの一部を小さく単純に動かすことで成り立つ場合がほとんどであるが、からだを動かす遊びは多くの場合、単純な動きをいくつか組み合せることにより全身をダイナミックに動かすことに繋がるとともに、この単純な動きの組み合わせが神経回路を刺激し、運動機能として発達していくのである。

　また、「5歳児になっても一段ごとに足を揃えなければ階段を降りられない」や、「座らなければ靴を履き替えられない」など、からだの操作が未熟な幼児が増えているということも聞かれている。このことは、かつ

ては幼児期に日常生活の様々な動作の中で身につけていた動きが十分に
獲得できておらず、その結果として自分のからだの操作が未熟である幼
児が増えていることの現れであるといえる。自分のからだの操作が未熟
であると、とっさの時の対応も不十分となり、安全に関する能力も十分
に発達していないことが心配されるのである。

　一方で、子どもにスポーツの習い事をさせる保護者も増えている。体
操教室、水泳教室、サッカークラブなど、スポーツに取り組むことは活
発にからだを動かす機会となるが、遊びではなく特定の動きや運動ばか
りを行うのであれば多様な動きを身につけていくことには適していない
し、自発的な遊びにも繋がらない可能性がある。幼児期に多様な運動（遊
び）をする大切さは、単に活動する機会を与えるのではなく、幼児が興味
をもって遊びに自発的に関われるかどうかも重要なポイントなのである。

　このような状況を踏まえて、公益財団法人日本体育協会は平成 22 年
10 月に『**アクティブチャイルドプログラム**』を、文部科学省は平成 24 年 3
月に『**幼児期運動指針**』をそれぞれ策定し、子どもの発育段階に応じた体
力向上のためのプログラムを発表した。『アクティブチャイルドプログ
ラム』では、子どもたちが楽しみながらからだを動かすことのできる「遊
びプログラム」の紹介とともに、「走る・跳ぶ・投げる」といった基礎的
な動きを取り上げて、子どもを育んでいく立場の大人（保育者、教師、指
導者及保護者）がその「質（できばえ）」を観察・評価するための観点を提
示し、走ったタイムや投げた距離といった量的な測定ではわからない「**動
きの質（できばえ）**」を評価することによって、子どもの達成度に応じた効
果的な導き方をみつけようとしている。また、子どもたちが活動的にな
るかどうかは、子どもを取り巻く人的環境である友達や保護者、保育者
や教師、地域の人々との関係で決まるともいわれているので、元気で活
動的な子どもを育むために必要なこと、できることは何か、それを実現
していくための「場・しかけ」を工夫するアイディアも提示されている。
『幼児期運動指針』も同様に、運動習慣の基盤づくりを通して、幼児期

に必要な多様な動きの獲得や体力・運動能力の基礎を培うために、集団生活を送る幼稚園や保育所などにおける運動遊びの重要性が示されている。さらに、幼稚園や保育所などに登園しない日でもからだを動かす必要があることから、保育者だけでなく保護者も共にからだを動かす時間の確保についての工夫が望まれ、いろいろな活動への意欲や社会性、創造性などを育むことを目指している。『アクティブチャイルドプログラム』も『幼児期運動指針』も様々な身体活動によって環境や他者からの刺激を得たり、自分と環境や他者との関係を調整したりすることを通して、好奇心やチャレンジ精神といった活動への意欲、社会性、創造性など、体力だけでなく精神的な発達にも効果を期待している。

　また、どちらもプログラムの中で最低限必要な身体活動量を「1日60分以上」とする目安を提示するとともに、身体活動には「移動手段としての徒歩や階段の利用」「家事の手伝い」といった日常の生活活動も含まれることを明記し、いつでも、どこでも、だれとでもできる外遊びや生活活動にも目を向けることで、子どもの自由な活動を促しながら、「できることからやってみよう」という積極性を引き出そうとしている。そして、子どもたちが毎日からだを動かして活動する（遊ぶ）ことにより、①体力・運動能力の基礎を培う、②丈夫で健康なからだになる、③物事に対して意欲的に取り組む心が育まれる、④協調性やコミュニケーション能力が育つ、⑤認知的能力の発達、といった多くの効果を期待しているのである。

　これらの取り組みによって、前述したように体力や運動能力は少しずつ向上する傾向が見られるが、日常生活における生活の利便性向上や遊びの変化（特に室内遊びの発展）が子どもの身体活動量に影響を及ぼすことを踏まえて、子どもたちが自然な形でからだを活発に動かす機会を作りだせるように子どもたちを取り巻く周りの大人（保護者や保育者、教師）が考えなければならない。

⑶ 幼稚園・保育所等におけるからだづくり

　幼稚園や保育所、認定こども園などは、子どもが初めて家庭から離れて所属する社会であり集団生活を送る場でもある。家庭という人間関係を軸に営まれてきた生活から、生活の場、他者との関係、興味や関心などが急激に広がり、少しずつ依存から自立に向かっていく時期でもある。生活の場では、保護者や周囲の大人に見守られているという安心感に支えられて、いろいろなことをやってみようとする活動意欲が高まるし、他者との関係においては、他の子どもや家族以外の人々の存在に気付きはじめ次第に関わりを求めるようになる。初めは同じ場所で別々の活動をすることで満足しているが、やがて一緒に遊んだり、言葉を交わしたり、物をやり取りするなどの関わりをもつようになっていく。その中で自己主張のぶつかり合いや友だちとの折り合いをつけるなどの体験を重ねながら、友達関係が生まれ深まっていくのである。このように生活の場や対人関係の広がりにともなって興味や関心も広がり、徐々に様々な対象に向けられていくようになるが、その生活は幼稚園や保育所、認定こども園を中心に広がっていくのである。

　小学校入学前の子どもに対するからだづくりは、『幼児期運動指針』を基に考えられている。運動遊びや生活に伴う身体活動を通して、「1日60分以上」からだを動かすことを目標に、保育者が具体的な活動や教材の研究を行っている。保育者は子どもが自ら健康で安全な生活を作りだす力を養うことをめざし、生き生きと自発的に活動に取り組むことができるように、以下のような指導・援助を工夫することが必要である。

<＜幼児期における身体活動のポイント＞
○『いろいろな遊びの中で十分に体を動かす』ことができるようにする
・幼児が興味や関心をもって繰り広げていく遊びや活動などを、身体機能の発達の視点から捉え直し、幼児が十分に全身を動かし、その心地よさが味わえるようにする。また、固定遊具

にも幼児の遊びに応じた工夫を加えたり、様々な動きを引き出せるような遊具や用具の配置、幼児の動線を予想した場の構成にも配慮する。

・子どもたちの様々な遊びの中で、身体諸機能の発達時期に合わせた環境を用意したり、十分に全身を動かし活動意欲を満足させることができるような援助を心掛けることが大切である。

○『自発的に体を動かして遊ぶ』ことができるようにする

・幼児が取り組んでみたいと思えるような意欲を喚起したり、取り組んで楽しかったという充実感や満足感が味わえるようにする。保育者自身も積極的に幼児と一緒に体を動かし、楽しい遊びの雰囲気をつくったりいろいろな遊びを伝えたりしながら、自分たちで遊びを進めていける力を育てる。

・心と体の発達を調和的に促すためには、特定の活動に偏ることなく、幼児の発想や興味を大切にして、自発的に楽しみながら取り組めるようにする必要がある。戸外で開放感を味わいながら思い切り活動したり、好奇心や探究心をかきたてる自然環境に触れたり、子どもの興味や関心を自然な形で戸外に向けることも重要である。

○『安全に楽しく遊べる環境をつくる』ことができるようにする

・遊びのルールは幼児と一緒に遊ぶ中で確認し、幼児と共にルールとして定着させていく。危険な場所、危険な遊び方等は全職員で共通理解し、誰もが安全な遊び方をしっかりと指導していく体制をつくることが大切である。

・安全に楽しく遊べるようにするためには、ルールを守ることの大切さや危険な遊びや場所、遊具などについてその場に即して気付かせ、状況に応じた安全な行動がとれるように指導することが重要である。

○『**保護者と連携し、共に育てる**』ことができるようにする

　・幼稚園や保育所、認定こども園等において、子どもが体を動かして遊ぶ様子を保護者の方々に具体的に伝え、その中で育つことや体を動かして遊ぶことの重要性、地域の遊び場の紹介など、情報発信を行っていく。

　・体を動かして遊ぶことが習慣となるためには、保護者の意識が大きく影響する。家庭において親子で体を動かす爽快感や心地よさを実感すると、保護者の方にも体を動かす楽しさに対する意識も高まり、生活の中で体を動かす習慣に結びつくことに繋がっていく。

（文部科学省 2012『幼児期運動指針ガイドブック』より抜粋）

　このように、子どもたちが初めて所属する集団生活の場において、保育者や保護者が中心となって、子どもたちの自発的な活動を引き出せる環境づくりをしていかなければならない。

⑷　小学校におけるからだづくり

　小学校におけるからだづくりは、教科としての「体育」を中心として考えられる。平成 20 年に改訂された「小学校学習指導要領」では、「生涯にわたって健康を保持増進し、豊かなスポーツライフを実現することを重視」した改善が図られ、具体的には幼児教育との円滑な接続を図ること、体力の低下や積極的に運動する子どもとそうでない子どもの二極化への指摘に対して、「**体つくり運動**」をすべての学年において発達の段階に応じた指導内容を取り上げ指導するようになった。また、学習したことを家庭などで生かすことができるよう指導の在り方も改善されている。

　平成 29 年 3 月に告示された第Ⅷ次学習指導要領の改訂では、現行（平成 20 年告示）の学習指導要領の成果と課題を踏まえて、「心と体を一体としてとらえ、生涯にわたって健康を保持増進し、豊かなスポーツライフ

を実現する資質・能力を育成することを重視する」観点が示されている。小学校体育においては、「全ての児童が、楽しく、安心して運動に取り組むことができるようにし、その結果として体力の向上につながる指導等の在り方について改善を図る」ことを通して、『個別の知識や技能』『思考力・判断力・表現力等』『学びに向かう力・人間性等』の育成を目指している。

　各学年における授業時間の振り分けは**表4-1**に示すように、第1学年と第2学年を低学年、第3学年と第4学年を中学年、第5学年と第6学年を高学年として、2年間で目標を達成できるような柔軟性をもたせている。子どもの体力と体育授業の関係については、末永が「体育の授業を楽しいと回答するものほど体力合計点が高く、楽しくないと回答したものと10点もの差が生じている」と報告している（末永, 2015）。この結果は「体力が高いから体育が楽しいのであろう。まず楽しくないという子の体力を上げてから体育を楽しませよう」と読み取ることも可能で

表4-1　各学年における授業時間配分

	低学年				中学年				高学年			
	1学年		2学年		3学年		4学年		5学年		6学年	
	17		18		17		17		10		9	
体つくり運動	ほぐし	5	ほぐし	5	ほぐし	7	ほぐし	7	ほぐし	3	ほぐし	3
	多様	12	多様	13	多様	10	多様	10	体力	7	体力	6
	21		21		23		20		17		15	
器械・器具	固定	6	固定	2								
	マット	6	マット	8	マット	8	マット	8	マット	6	マット	6
	鉄棒	4	鉄棒	5	鉄棒	8	鉄棒	5	鉄棒	4	鉄棒	3
	跳び箱	5	跳び箱	6	跳び箱	7	跳び箱	7	跳び箱	7	跳び箱	6
	16		14		15		15		15		16	
走跳/陸上	走	11	走	10	走	10	走	10	走	10	走	5
	跳	5	跳	4	跳	5	跳	5	跳	5	跳	6
											走跳	5
水遊び/浮く・泳ぐ/水泳	8		8		8		8		8		8	
	水遊び	8	水遊び	8	浮く・泳ぐ	8	浮く・泳ぐ	8	水泳	8	水泳	8
	28		32		27		31		22		22	
ゲーム/ボール運動	ボール遊び	11	ボール遊び	4	ゴール型	21	ゴール型	16	ゴール型	15	ゴール型	16
	ボール投げ	6	ボール投げ	5	ネット型	6	ネット型	8	ネット型	7	ベースボール型	6
	ボール蹴り	7	ボール蹴り	13			ベースボール型	7				
	鬼遊び	4	鬼遊び	4								
			ボール運び	6								
	12		12		11		10		10		12	
表現/リズム	表現遊び	8	表現遊び	8	リズム	6	リズム	4	リズム	1	リズム	1
	リズム	4	リズム	4	表現	5	表現	6	表現	5	表現	7
									フォークダンス	4	フォークダンス	4
保健	0		0		4		4		8		8	
合計	102		105		105		105		90		90	

（学習指導要領を基に作表）

はあるが、それでは「運動が楽しい」や「からだを動かすことは気持ちがいい」という感情よりも、「運動は苦痛だった」「運動はつまらない」という感情が植えつけられてしまう可能性もある。トレーニングをすることが悪いことではないが、まずは「運動は楽しい」という気持ちを十分に育て、楽しいからこそ自主的に運動する時間が増え、その結果として体力が向上するといった過程を重視したいところである。「運動に楽しさや魅力を感じられること」ができれば、生涯にわたって豊かなスポーツライフを送るための基礎的な資質や能力を育むことを目標とした、学習指導要領の改訂の趣旨を反映することに繋がるのである。毎週 2 回ないしは 3 回体育の授業を必ず受ける子どもたちは、学校教育の場において 1200 時間以上もの時間を使ってからだを動かしている。学校以外でまったく運動をしていないような子どもにとっては、唯一からだを動かす場でもある。その時間に「楽しい」「気持ちがいい」という経験をしなければ、学校を卒業した後に自ら運動をしようという気持ちが起こることはなかなかないと思われる。では子どもたちに「体育の授業は楽しい」と感じてもらうにはどのような授業を行えばいいのだろうか。自らのからだを使って（動かして）得られる達成感や充実感である「できなかったことができるようになった」「体育の授業が自分にとって大切だと思うようになった」「好きな種目を見つけられた」といった感情が満たされる授業を行うことが重要となる。末永（2015）によると、「できる」を実感するきっかけには、教師や友達のまねをしたり友達同士で教え合ったりするなど、工夫した取り組みを上げている。この他者とのコミュニケーションを通じて、「思考力・判断力・表現力等」を使って「知識・技能」を獲得し、「学びに向かう力・人間性等」を体験的に学ぶことができるのが、体育の授業の特徴であるかもしれない。

　運動することで得られる楽しさには、「わかる」「うまくなる」「協力する」「工夫する」など様々なことがあり非常に奥が深いものであるとともに、この楽しさは子どもの成長とともに変容していくことも特徴的であ

る。低学年や中学年の子どもであればからだを動かすことそのものに楽しさを感じるが、高学年になると単にいろいろな運動をするだけでは十分に楽しさを感じることは難しくなり、各自が自分の課題をもちそれに向けて意図的に練習をし、その成果としてゲームで勝ったり上達した時に楽しさを感じるようになるのである。したがって必要な技能を身につけることはもちろん、練習の場や方法を工夫し、友達と認め合ったり教え合ったりしながら達成できる学習を展開することで子どもが達成感や成就感を味わえるよう、各学年の目標が定められているのである。

　学習指導要領における各領域のポイントをまとめると以下のようになる。

　　・**体つくり運動**：「体ほぐしの運動」（全学年）、「多様な動きをつくる運動遊び」（低学年）、「多様な動きをつくる運動」（中学年）、「体力を高める運動」（高学年）で構成されている。「多様な動きをつくる運動（遊び）」では、様々なからだの基本的な動きを培っておくことで将来的に技能を身につけたり、体力を高めたりするための基となるものとして考えられている。「体力を高める運動」では、からだの柔軟性や巧緻性を高めるための運動と筋力や持久力を高める運動について、子どもたちが体力やその要素である柔軟性（からだの柔らかさ）、巧緻性（タイミングよく動くことやバランスをとって動くことなど）、筋力（自分の体重を利用したり、抵抗に対して動かそうとする力）、持久力（一定の時間に連続して行ったり、反復して行う力）などの必要性を理解し、ねらいをもって運動に取り組むことになる。「体ほぐしの運動」では、手軽な運動や律動的な運動を行い、からだを動かすことの楽しさや心地良さを味わうことによって、自分や仲間のからだの状態に気付き、からだの調子を整えたり仲間と交流したりする運動を行う。

　　・**器械運動系**：マット運動や跳び箱運動、鉄棒運動などは非日常的な運動であり、体育の中で意図的に取り組まなければ経験することすらなくなってしまう運動である。したがって、「器械・器具を使っ

た運動遊び」(低学年) ではいろいろな動きに楽しく取り組んで、自分の力にふさわしい動きを身につけた時に、「器械運動」(中学年・高学年) では技を身につけたり新しい技に挑戦したりする時に楽しさや喜びを味わうことができる。器械運動は、「できる」「できない」がはっきりした運動であるため、すべての子どもが技を身につける喜びを味わうことができるように授業を工夫する必要がある。全員が一律に同じ技ができなくても、自己の技能の程度に応じた技を選んでそれができるようになるように練習し、できるようになることを目標としている。

・**陸上運動系**：陸上競技の主となる動きの「走る」ことは、子どもにとって日常的な活動であるが、体育の授業内容としては走りそのものを楽しく行いながら、ジグザグ走や障害物を飛び越えるなど様々な走りをすることで、それまでとは違った走りの楽しさを味わったり、より軽快に走ることを通して走ることの爽快さを感じられるようにする。また、走ってきた力を生かしてより遠くへ、あるいは高く跳ぶことなど走ることを他の力に生かすこともできる。このような運動について合理的な動きを身につけるとともに、仲間と速さや高さ・距離を競い合ったり、自己の記録へ挑戦したりする楽しさも体験できる領域である。

・**水泳系**：水泳系の運動も器械運動と同様に、泳ぐ活動をしなければいつまでも獲得できない非日常的な運動であると同時に、一歩間違えれば命にかかわる運動でもある。したがって、水との関わりは丁寧に指導しなければならない。発達やそれまでの経験によっては水に入るだけでも怖さを感じる子どももいるので、安全で楽しく易しい遊びや運動から始め、浮いたり補助具を使って泳いだりする心地良さを楽しむ運動へと進めることが重要である。学校によっては水泳場の確保が困難で水泳を取り扱うことができない実態がある場合でも、水泳などの安全の心得については必ず指導しなければな

らない。

　・**ボール運動系**：ボール運動系は見る機会も多く子どもたちに人気が高いため、体育の授業としても多くの時間を配当されている領域である。「集団」対「集団」で競い合い、仲間と力を合わせて競争する楽しさや喜びを味わうことができるところが特徴的であるが、「ゲーム領域」と「ボール運動領域」の違いを認識しなければならない。「ゲーム領域」では勝敗を競い合う運動として、スポーツ文化のルールに縛られず子どもたちの欲求や技能、実態に合わせて学習をつくり上げていかなければならない。一方「ボール運動領域」は中学校の球技領域への入り口として、ある程度スポーツ文化を大切にしながら、各スポーツのルールなどを簡易化してゲームを行うなど、その違いを明確にすることが重要である。

　・**表現運動系**：表現運動系の学習では、題材の特徴を捉えてそのものになりきって表現したり、軽快なリズムの音楽に乗って踊ったりして楽しむことが大切である。子どもにとって身近で関心が高く、具体的で特徴のある動きを多く含む題材や、弾んで踊れるような軽快なリズムの音楽を取り上げるなどの工夫を凝らし、自己の心身を解き放って踊ることができるようにすることが重要である。器械運動の技のように、技能を一定の方向に高めるのではなく、題材や曲のリズムなどを手掛かりに気付いたことや感じたことを自由に表現することができるという特徴を最大限に生かすための工夫が求められる。

　学校教育法では、小学校において「生涯にわたり学習する基盤が培われるよう、基礎的な知識及び技能を習得させるとともに、これらを活用して課題を解決するために必要な思考力、判断力、表現力その他の能力をはぐくみ、主体的に学習に取り組む態度を養うことに、特に意を用いなければならない。」と規定されている。体育科においても、こうした能力を発達の段階に応じて系統的に育みながら、個々の児童の運動経験

や技能の程度などに応じた指導や児童自らが運動の課題の解決を目指す活動を行えるように工夫し、基礎的・基本的な知識や技能の習得と両輪となって、「何を身につけるのか」という視点だけでなく、「どのように身につけるのか」という視点をもって指導計画を作成することが重要である。

　現代社会に生活の様々な場面で利便性が向上し、携帯できる端末などを利用して自らのからだを動かさなくても情報を収集したり、他者とのコミュニケーションを取ることができたりするようになった。その反面、日常生活における身体活動量は減少して座位行動が増加し、子どものからだにも『**ロコモティブシンドローム／運動器症候群**』予備軍が見られるなど、一昔前では考えられないような影響も現れ始めている。このような実態に子どもを支える保護者や保育者、教師が真剣に向き合い、それぞれの立場（家庭、幼稚園や保育所等、小学校）における生活場面での身体活動量の確保に取り組むことが、より一層求められるのではないだろうか。

2　生きる力と保健指導　　　　　　　　　　島﨑あかね

(1)　現代生活がもたらした子どもへの弊害（基本的生活習慣への影響）

　第1節では、子どものからだに起こっていることを取り上げたが、第2節では睡眠や食事など基本的生活習慣の変化がもたらす、こころやからだへの影響について考えてみる。

　子どもが健康的な生活を営むための基本的生活習慣には、食事・排泄・睡眠などの生理的に必要な生活習慣と、身の回りの整理整頓や衣服の着脱、清潔などの社会生活に必要な生活習慣があり、このうち、生理的に必要な生活習慣は生命の維持に重要な役割を果たしている。生まれた直後は保護者をはじめとする周りの大人の手を借りながら栄養（母乳やミルク）を摂り、歯の生え始め頃から次第に自らの手や箸、スプーンなどの道具を使って食事ができるようになる。また、内臓の機能が発達

するとともに排泄のリズムも獲得していくようになる。1日の生活リズムは睡眠と覚醒の繰り返しで、睡眠をベースとした生活習慣を生活のリズムとして形成していく。食べたものから栄養を消化・吸収し、エネルギーの獲得と老廃物の排泄を行う。また眠ることで筋肉をはじめとする臓器の疲労回復や脳の情報整理が行われ、心身の発育をもたらしているのである。ところが現代を生きる子どもたちを取り巻く環境では、これら1日の生活リズムが確立されにくい状態が見られている。食事の面では、「コ食」が挙げられる。子どもが1人で食事をする**孤食**、家族で食卓を囲んでも食べるものがバラバラの**個食**、決まったものばかり食べる**固食**、柔らかいものばかり食べる**粉食**、少しの量しか食べない**小食**、濃い味のものばかり食べる**濃食**、いずれも食べることの楽しさや美味しさを感じることができない習慣を作り出してしまう懸念がある。また、私たちの体内には生体リズムを刻むために大事なホルモンが分泌されているが、その一つにメラトニンという「睡眠・覚醒リズム」と深い関係のあるホルモンがある。一般に、メラトニンの分泌には光、運動、食事のタイミング、さらには温度や湿度などが影響していると考えられているが、現代の子どもたちを取り巻く生活環境は大きく変化しているのが実情である。深夜まで営業している店舗が増えたり、遅くまでゲームやスマートフォンを使った遊びをすることで、寝る直前まで多量の光を浴びることが多くなっている。また大人の生活スタイルに合わせて行動している子どもたちは、夕食の時間が遅くなったり就寝時刻が遅くなっている。そんな就寝時刻が遅い子どもであっても、起床時間は登園・登校時間に間に合うようにしなければならず、結果として睡眠時間が削られ睡眠不足となってしまうのである。この「睡眠・覚醒機能の乱れ」は、メラトニン濃度の調査結果によって報告されており、平日の夜9時30分と翌朝6時30分のメラトニン濃度が同程度で、就寝前と起床直後が同じくらいの眠気感にあることが示されている（Noi & Shikano, 2011）。日常的な睡眠不足は慢性的な疲労を招き、意欲の低下や情緒の不安定さを

引き起こすだけでなく、食べる時間がなく朝食を抜いたり排便をしない
などの基本的生活習慣の乱れを生じさせ、子どもの健全な成長に支障を
きたすことに繋がってしまうのである。

　一方、人が生活していくためには周りの人と協力して生きていくこと
になるため、社会生活に必要な生活習慣の獲得も重要である。つまり食
事の仕方、排泄の仕方、清潔に暮らす方法などの一つ一つが本人の健康
のためだけではなく、同時に周りの人々に迷惑をかけず、あるいは助け
合っていくためにも必要である。したがって、乳幼児期は基本的生活習
慣を形成していくことが重要なのである。

⑵　幼稚園・保育所等における生活・保健指導

　幼稚園や保育所等においては、幼稚園教育要領や保育所保育指針、幼
保連携型認定こども園教育・保育要領（以下、教育要領等とする）の中で
「幼児期の終わりまでに育ってほしい姿」の最初に、『健康な心と体』を取
り上げている。園での集団生活の中で、充実感をもって自分のやりたい
ことに向かってこころとからだを十分に働かせ、見通しをもって行動し、
自ら健康で安全な生活を作り出すように指導・保育していくことが望ま
れる。こころとからだの健康は、相互に密接な関連があるものであるこ
とを踏まえ、基本的な生活習慣の形成にあたっては、兄弟姉妹の有無や
家庭での生活経験の差に配慮しながら子どもの自立心を育て、子ども一
人ひとりが他の子どもと関わりながら主体的に活動を展開する中で、生
活に必要な習慣を身につけ次第に見通しをもって行動できるようにする
ことが重要である。

　園生活の中で食事・排泄・睡眠などの生理的に必要な生活習慣を形成
するとともに、身のまわりの整理整頓や衣服の着脱、清潔などの社会生
活に必要な生活習慣の形成も重要である。教育要領等の健康領域に示さ
れている、「健康な心と体を育て、自ら健康で安全な生活をつくり出す
力を養う」ために、それぞれ次の内容が定められている。

＜幼稚園教育要領　「健康」領域の内容（生活習慣に関する部分のみ抜粋）＞

(5) 先生や友達と食べることを楽しみ、食べ物への興味や関心をもつ。

(6) 健康な生活のリズムを身に付ける。

(7) 身の回りを清潔にし、衣服の着脱、食事、排泄<rt>せつ</rt>などの生活に必要な活動を自分でする。

(8) 幼稚園における生活の仕方を知り、自分たちで生活の場を整えながら見通しをもって行動する。

(9) 自分の健康に関心をもち、病気の予防などに必要な活動を進んで行う。

(10) 危険な場所、危険な遊び方、災害時などの行動の仕方が分かり、安全に気を付けて行動する。

＜保育所保育指針　「健康」領域の内容（生活習慣に関する部分のみ抜粋）＞

〜1歳以上3歳未満児〜

②食事や午睡、遊びと休息など、保育所における生活のリズムが形成される。

④様々な食品や調理形態に慣れ、ゆったりとした雰囲気の中で食事や間食を楽しむ。

⑤身の回りを清潔に保つ心地よさを感じ、その習慣が少しずつ身に付く。

⑥保育士等の助けを借りながら、衣服の着脱を自分でしようとする。

⑦便器での排泄に慣れ、自分で排泄ができるようになる。

〜3歳以上児〜

⑤保育士等や友達と食べることを楽しみ、食べ物への興味や関心をもつ。

⑥健康な生活のリズムを身に付ける。

⑦身の回りを清潔にし、衣服の着脱、食事、排泄などの生活に必要な活動を自分でする。

⑧保育所における生活の仕方を知り、自分たちで生活の場を整えながら見通しをもって行動する。

⑨自分の健康に関心をもち、病気の予防などに必要な活動を進んで行う。

⑩危険な場所、危険な遊び方、災害時などの行動の仕方が分かり、安全に気を付けて行動する。

＜教育・保育要領 「健康」領域の内容（生活習慣に関する部分のみ抜粋）＞

〜1歳以上3歳未満児〜

(2) 食事や午睡、遊びと休息など、幼保連携型認定こども園における生活のリズムが形成される。

(4) 様々な食品や調理形態に慣れ、ゆったりとした雰囲気の中で食事や間食を楽しむ。

(5) 身の回りを清潔に保つ心地よさを感じ、その習慣が少しずつ身に付く。

(6) 保育教諭等の助けを借りながら、衣類の着脱を自分でしようとする。

(7) 便器での排泄に慣れ、自分で排泄ができるようになる。

〜3歳以上児〜

(5) 保育教諭等や友達と食べることを楽しみ、食べ物への興味や関心をもつ。

(6) 健康な生活のリズムを身に付ける。

> （7）身の回りを清潔にし、衣服の着脱、食事、排泄（せつ）などの生活
>   に必要な活動を自分でする。
>
> （8）幼保連携型認定こども園における生活の仕方を知り、自分
>   たちで生活の場を整えながら見通しをもって行動する。
>
> （9）自分の健康に関心をもち、病気の予防などに必要な活動を
>   進んで行う。
>
> （10）危険な場所、危険な遊び方、災害時などの行動の仕方が
>   分かり、安全に気を付けて行動する。

　具体的な食事に関する指導であれば、挨拶をはじめとするマナー、食べ物がもつ栄養の働きの指導、好き嫌いをなくすような工夫などとともに、先生や友だちと一緒に食べることの楽しさを実感できるような活動が行われている。また排泄では、個々の排泄の間隔などを踏まえた援助（3歳未満児）や活動の区切りごとにトイレへ行くよう声掛けをしたり、トイレの後の手洗いや身支度の整え方など、社会生活に必要なマナーについても合わせて指導されている。さらに午睡の時間には着替えをすることで眠ることへの準備を意識づけたり、衣服の着脱の練習にも繋がっているのである。

　規則正しい生活の中でバランスの取れた食事を摂り、適度な運動をすることで排泄を促し、運動すれば汗をかき、清潔にするためには着替えを行わなければならない、といったように基本的生活習慣をそれぞれ独立したものとして捉えるのではなく、互いに関連し合いながら習慣となって獲得されるよう配慮していくことが望まれる。

　適度な運動と同時に適度な休息（睡眠や静的活動）のバランスも重要で、必要な睡眠を取り朝食をしっかり摂って登園した子どもは友達や保育者と様々な活動を行ってからだとこころを動かしながら思い切り遊び、楽しみな昼食の時間を迎えることになり、睡眠や運動、適切に排泄を行うといった生活リズムの獲得が楽しんで食べることの基本となっているの

である。さらに遊んだ後は手洗いやうがい、食事の後の歯磨きなどを通じて、からだを清潔にすることが病気やけがの予防に繋がっていることを日々の生活の中で獲得できるように指導していく。このように、園での生活を通じて子どもたちが健康的で生活しやすい環境を自ら作り出すことができる力を育てていくのである。

　また、平成 20 年告示の教育要領等から「**食育**」が明文化されたことも大きなポイントである。食育を通じた望ましい食習慣の形成を目標に、子どもの食生活の実態に配慮し、和やかな雰囲気の中で保育者や他の子どもと食べる喜びや楽しさを味わったり、様々な食べ物への興味や関心をもったりするなどして、食の大切さに気付き進んで食べようとする気持ちも育てることが求められている。現代社会では農業技術や貯蔵方法、輸送方法の発達により、いろいろな食材がいつでも手に入るようになり、とても便利なことではあるが、それぞれの食材が持つ旬の時期を知らない子どもも増えている。松田（2013）によると、旬の食材には主に 3 つのメリット（①味が濃くておいしい、②旬でない時期よりも栄養価が高い、③鮮度がよく、価格も安い）があるといわれている。また、園の敷地やプランターを利用して野菜などを栽培し、収穫して食べるという "食農" という取り組みを行う園も増えてきた。この取り組みには自分たちで育てたものを収穫し、新鮮さを味わい、命をいただくという食物連鎖まで考えることにも繋がり、食材に対する興味や関心を育てることができる。旬の食材を食べることや野菜などの栽培といった食育活動を通して、食の大切さを学ぶことができるのである。

　一方、安全に関する内容については、「**安全管理**」と「**安全教育**」が一体とならなければ効果が上がらず、事故を防止することはできない。「安全管理」とは、保育者が子どもの発育・発達を考慮し、園において行う対人管理と対物管理を指す。対人管理では、事故防止や災害時の対応としての組織づくりや緊急連絡網の作成、施設の安全点検・安全指導の指導計画の作成などがあり、園長が中心となって行われる。対物管理では、

園舎や園庭などの施設や遊具の整備と点検を日々行うとともに、災害時に必要な救急用品の点検などが挙げられる。「安全教育」では、子どもたちが生涯にわたって自らの安全を守って社会生活を営んでいくという規範を身に付けさせると同時に、安全に気を付けて行動する必要性を理解させていくことが重要である。園舎内を子どもの動線や目線に合わせてものを配置するなどの配慮を行うとともに、廊下は走らないといった具体的な指導も取り入れていくことで情緒の安定を図り、遊びを通して安全についての構えを身に付け、危険な場所や事物などがわかり、安全について体験的に理解を深めるような指導を心がけなければならない。危険とはどういうことかを学ぶことで、「危険を知る」ことから始まり、「危険を避けること」そして「危険予知能力が養われていくこと」に繋がっていくのである。

「安全管理」や「安全教育」を指導の両輪として行っていく上で、幼児期に見られる次のような発達特性を理解しておかなければならない。子どもの事故の原因は、この幼児期の発達特性が安全能力に大きく関与している。

①身体的な面：身体機能の発達が不十分で、身のこなしやものの操作もおぼつかないところがあるだけでなく、頭が大きく重心も高い位置にあるため、バランスが悪く転倒や転落しやすい。(具体例：段差でのつまづきや遊具からの転落など)

②知的な面：安全に対する知識や認識も不十分で、危険を予測したりする判断力が低く、さらに自己中心性も見られ興味・関心のある特定の部分が強調され、目の前のものにも注意が払われないことがある。(具体例：ボールを追いかけて道路に飛び出すなど)

③精神的な面：大脳の抑制回路の形成が不十分なため、感情のコントロールができず思い通りにならないと混乱して注意力が散漫になる。(具体例：他の生活場面で起こったトラブルなどに気を取られて

　集中できないなど）

　　④社会的な面：社会生活のルールや規範の理解、道徳性などが確立
　　　されていない。

　「安全教育」の具体的な指導内容として、交通安全指導や避難訓練が
挙げられる。交通安全の習慣や避難訓練などを通じて災害や緊急時に適
切な行動が取れるような指導とともに、保育者が安全点検を行って安全
な環境を作っていかなければならない。交通安全指導においては、絵本
や DVD といった視聴覚教材や交通安全教室などでの模擬体験などを積
極的に活用して行うことが効果的である。日常的な近隣への散歩や遠足
などの園外保育の場面では、交通安全を具体的に体験できる機会でもあ
る。保育者には道路の横断の仕方、信号での待ち方など年齢に応じてわ
かりやすく理解できるような工夫が求められる。また交通安全について
は保護者の役割も大きいので、子どもたちへの指導と合わせて園での指
導内容を保護者にも伝え、保護者自身が模範となるよう意識化を図って
いくことも必要である。また避難訓練では、地震、火災、水害など地域
の実態に合わせた計画が必要となるが、園での年間指導計画の中に位置
づけ、保護者や地域社会、関係機関とも連携して協力体制を確立してい
くことが重要である。

⑶　小学校における保健指導

　小学校における保健指導は、学習指導要領にその内容が明記され第 3
学年以降に体育授業の中で行われるが、第 1、2 学年においても実技種
目の実践を通して、からだに起こる変化やからだとこころの関係を体験
的に学び、「生きる力」を獲得していく。

　第 1、2 学年では、保健の授業としての単元はないが、運動の各領域
における内容指導の中で、運動と健康が関わっていることを具体的に理
解できるように授業が展開されることが望ましい。例えば「活発に運動

したり、長い時間運動したりすると、心臓の拍動や呼吸が速くなること」
「運動すると汗をかくこと」「日常生活よりも力を発揮する運動は、から
だを丈夫にして健康に繋がる」など、体験を通して学んでいくのである。
そこからからだに起こる変化や運動することの気持ち良さや達成感、充
実感などがこころに芽生えることを感じて、からだとこころの関係に気
付くきっかけとなり、健康に関する興味・関心や課題解決への意欲を高
め、知識を習得する学習活動を重視するとともに、習得した知識を活用
する学習活動を積極的に行うことで思考力・判断力を育成していく。ま
た幼児期から継続して、安全に生活するための知識や健康を維持するた
めに必要な基本的な生活習慣について、他の教科（生活、道徳など）や特
別活動の学級活動、総合的な学習の時間などと連動させて身に付けるこ
とが必要である。

　第3、4学年では、それぞれ4時間ずつ使って「健康な生活について
理解すること」「体の発育・発達について理解すること」といった内容
について学ぶ。第3学年で指導する「健康な生活についての理解」では、
健康の大切さを認識させるとともに毎日の生活に関心をもたせ、健康に
良い生活の仕方を理解できるようにすることをねらいとしている。健康
の状態には主体の要因や周囲の環境の要因が関わっていること、運動・
食事・休養および睡眠の調和の取れた生活を続けることや体の清潔を保
つことなどが毎日を健康に過ごすために必要であること、さらに明るさ
や換気などの生活環境を整えることも健康に過ごすためには必要である
こと、などを理解するとともに、学校においては健康診断や学校給食な
どさまざまな活動が関連して行われていることも合わせて考えられるよ
うにしている。第4学年で指導すべき「体の発育・発達についての理解」
では、一般的な現象や思春期の体の変化、からだをより良く発育・発達
させるための生活の仕方などについて理解できるようにすることをねら
いとしている。からだが年齢にともなって変化すること、自分と他の人
ではからだの発育・発達などに違いがあること、思春期になるとからだ

に変化が起こり異性への関心も芽生えること、からだの発育・発達には調和の取れた食事・適切な運動・休養および睡眠が必要であることに気付き、それらの変化を肯定的に受け止めることが大切であることについて考えていく。また、特別活動における学級活動を通して、基本的生活習慣や男女の協力、心身の健康を高める生活をキーワードに保健領域の単元と関連させた保健指導の内容を取り上げ、各時間で身に付けた知識や資質・能力などを相互に生かしながら理解を深めていくように配慮する。

　第5、6学年では、それぞれ8時間ずつ使って「心の発達及び不安や悩みへの対処について理解すること」「けがの防止に関する事項を理解するとともに、けがなどの簡単な手当てをすること」「病気の予防について理解すること」といった内容について学ぶ。第5学年で指導すべき内容のうち「心の発達についての理解」では、こころもからだと同様に年齢にともなって発達するが、それには家族・同姓や異性の友達など、人との関わりを中心とした様々な生活経験が必要であること、こころとからだは相互に影響し合うこと、不安や悩みに対して適切な対処の方法があることを理解できるようにすることをねらいとしている。同じく第5学年で指導すべき「けがの防止に関する事項の理解」では、けがの発生要因や防止の方法についての理解のために、交通事故や身の回りの生活の危険などを取り上げ、けがの起こり方とその防止を学ぶとともに、けがの悪化を防ぐための簡単な手当て等について実習を交えて習得していく。「病気の予防についての理解」については第6学年で取り扱うものとして、病原体がもとになって起こる病気や生活活動が関わって起こる病気を取り上げ、病気の発生要因（病原体、からだの抵抗力、生活活動、環境など）とその予防の方法を理解させ、生涯にわたって健康を維持するための基礎となる知識を身につけられるようにする。また、飲酒・喫煙・薬物乱用が及ぼす健康への影響について、特に急性の影響を理解させることで飲酒・喫煙・薬物乱用の防止へ繋がる資質や能力の基礎を培うようにする。さらに、個人の健康と地域社会の繋がりに関わって、地域の

様々な保健活動の取り組み（保健所や保健センターの存在や活動など）を理解しながら、小学校の保健学習のまとめと中学校保健学習への連携に配慮した指導内容を工夫する。

　小学校における保健教育においては、日々の体験や他の教科（生活、道徳など）や特別活動の学級活動、総合的な学習の時間などとも関連させて学ぶことが必要である（**図 4-1**）。

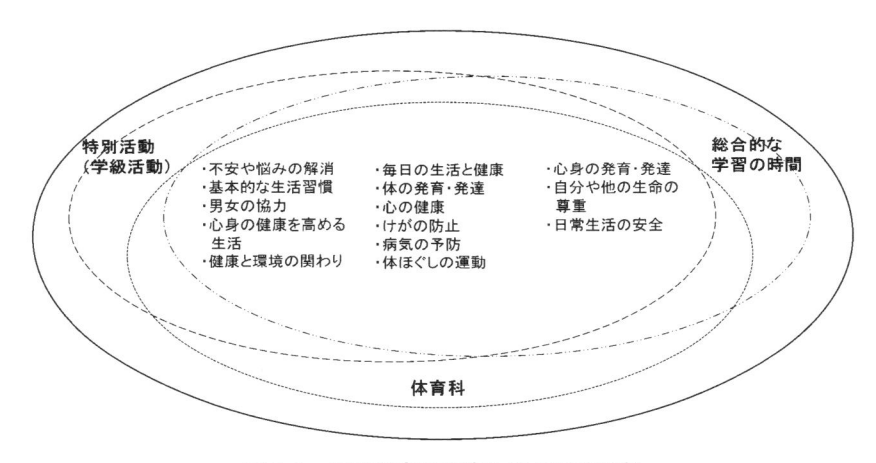

図 4-1　保健教育の内容と科目の関連性

（文部科学省　『「生きる力」をはぐくむ小学校保健教育の手引き』より作図）

　また**図 4-2** に示すように、体育科、特別活動、総合的な学習の時間等の各時間で身につけた知識及び資質や能力などは、各時間の特質に応じた役割を明確にした上で相互に生かして保健教育の指導を充実させることができる。各時間で学んだ知識を展開させたり、思考力や判断力などを生かして問題の解決や探究活動の過程の中で生かすなど、保健教育を推進させながら、子どもたちが自己の発育や健康状態について関心をもち、心身の健康の保持増進に努めるとともに、身の回りの危険を予測・回避して、安全に生活するために必要な習慣や態度を習得していくことが重要なのである。

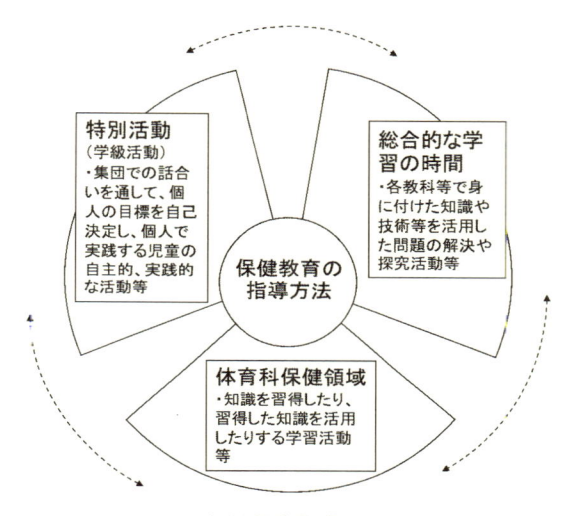

図 4-2　保健教育指導のイメージ

（文部科学省　『「生きる力」をはぐくむ小学校保健教育の手引き』より作図）

　このように運動領域および保健領域の内容は、運動、食事、休養、睡眠といった基本的な生活習慣の形成と深い関わりがあり、日々の体験や他の領域とも関連させて学ぶことが必要である。睡眠時間が十分であれば、朝の目覚めもよく時間的にも精神的にも余裕をもって朝食を摂り、排便を済ませて登園・登校することができる。園や学校では友達と様々な活動や運動をすればお腹が空く。お腹が空くと食事をおいしく食べることができる。食事をした後には消化吸収がスムーズに行われるように休息を取り、日中の活発な活動が夜の睡眠につながる。睡眠時間が十分であると疲労が回復する。このような実生活を繰り返し体験することで、各年齢や発達段階に応じた健康を学ぶことになるのである。そのため、運動や保健の内容を踏まえた健康に関する学習内容は学校教育だけでなく家庭での指導や経験も重要な学びとなる。

　日常生活リズムの約半分は家庭での生活であることを踏まえて、保護

者が家庭での生活の仕方も健康に与える影響が大きいという認識をもつことが必要である。そして保護者は、子どもの発達を「見つめ」、子どもとともに健康的な生活のための知識を身に付け、「学びを活かす」ようにしたいものである。

ワーク

① 子どもの体力が問題となって、園や小学校で様々な取り組みが行われてきましたが、あなたが子どもの頃はどのような遊びをしていましたか？

_____

_____

_____

_____

_____

_____

② あなたが担当しているクラスに、生活リズムが乱れ、睡眠時間が短い子どもや朝食を食べずに登園・登校する子どもがいた場合、どのような対応を考えますか？子どもだけでなく保護者への対応も含めて考えてみましょう。

_____

_____

_____

_____

_____

_____

③ 子どもたちが生涯にわたって健康的な生活を送るために必要なことについて、運動領域と保健領域の両面から考えてみましょう。

_____

_____

_____

_____

_____

_____

参考文献

井上千枝子 (2013)；『幼稚園と小学校の教育－初等教育の原理』、乙訓稔　編著、東信堂

井上千枝子 (2014)；『保育原理－保育士と幼稚園教諭を志す人に』、乙訓稔　編著、東信堂

今井康晴 (2014)；『保育原理－保育士と幼稚園教諭を志す人に』、乙訓稔　編著、東信堂

子どものからだと心・連絡会議編 (2014)；『子どものからだと心白書 2014』、ブックハウス・エイチディ

厚生労働省 (2017)；「保育所保育指針」

島﨑あかね (2015)；『＜ねらい＞と＜内容＞から学ぶ保育内容・領域　健康』、清水将之、相樂真樹子　編著、わかば社

末永祐介 (2015)；『体育科教育 2015.11』、大修館書店

須賀由紀子 (2013)；『幼稚園と小学校の教育－初等教育の原理』、乙訓稔　編著、東信堂

内閣府、文部科学省、厚生労働省 (2017)；幼保連携型認定こども園教育・保育要領 (平成 29 年 3 月告示)

日本体育協会 (2010)；『アクティブチャイルドプログラム』

ベネッセ教育総合研究所 (2016)；幼児の生活アンケートレポート　https://berd.benesse.jp/jisedai/research/detail1.php?id=4949 (2017.11.3 閲覧)

松田早苗 (2013)；『NHK きょうの健康 2013.3』、NHK 出版

文部科学省 (2008)；「小学校学習指導要領」

文部科学省 (2013)；『「生きる力」を育む小学校保健教育の手引き』、http://www.mext.go.jp/a_menu/kenko/hoken/1334052.htm (最終アクセス 2017.11.3)

文部科学省 (2017)；「学校教育法 (抄)」

文部科学省 (2017)；「小学校学習指導要領」

文部科学省 (2017)；「幼稚園教育要領」

文部科学省幼児期運動指針策定委員会 (2012)；『幼児期運動指針ガイドブック』

Nishijima T *et.al.* (2003)；Changes over the Years in Physical and Motor Ability in Japanese Youth in 1964-98. International Journal of Sport and Health Science, 1.164-170

Noi S. and Shikano A. (2011)；Metabolism and living conditions among vhildren on weekdays and holidays, and living factors related to melatonin metabolism. School Health,7,25-35.

第5章　「学びを支える」
——適応と支援

吉澤英里・塚原拓馬

本章のねらい

　これからを生きる子どもの環境は「安全・安心」が保障されているでしょうか。特に、様々な特性（文化や宗教、障害）をもつ子どもたちは、安心して学校に通い、学習に取り組むことができるでしょうか。ここでは、児童の学校適応と特性理解について考えていきましょう。

　まず、「いじめ」の問題について概説していきます。そして、不登校と学校適応の要因や現象理解について論じていきます。次に、発達障害を中心にその特徴について概説していきます。障害の知識はできるだけ正しく詳細な理解を伴うことが望ましいです。安易に対象児を「障害」と決めつけることは、その子どもを傷つけたり、指導の可能性を狭めたりすることに繋がりかねません。そこで、各障害についての特徴や基準を確認しておきましょう。

1　学校への適応
吉澤英里

⑴　いじめ

1)　いじめの定義と現状

　文部科学省は、2013（平成25）年の「いじめ防止対策推進法」の施行に伴い、いじめの定義を新たに示した。

　「いじめ」とは、「児童等に対して、当該児童等が在籍する学校に在籍している等当該児童等と一定の人的関係にある他の児童等が行う**心理的又は物理的な影響を与える行為**（インターネットを通じて行われるものを含む。）であって、当該行為の対象となった児童等が心身の苦痛を感じているもの。」とする。なお、起こった場所は学校の内外を問わない。

　「いじめ」の中には、犯罪行為として取り扱われるべきと認められ、早期に警察に相談することが重要なものや、児童生徒の生命、身体又は財産に重大な被害が生じるような、直ちに警察に通報することが必要なものが含まれる。これらについては、教育的な配慮や被害者の意向への配慮のうえで、早期に警察に相談・通報の上、警察と連携した対応を取ることが必要である。

　この定義で強調されているのは、個々の行為が「いじめ」に当たるか否かの判断を、いじめられた児童生徒の立場からという点である。この定義により、学校ではいじめを「どのような行為か」ではなく、「いじめ

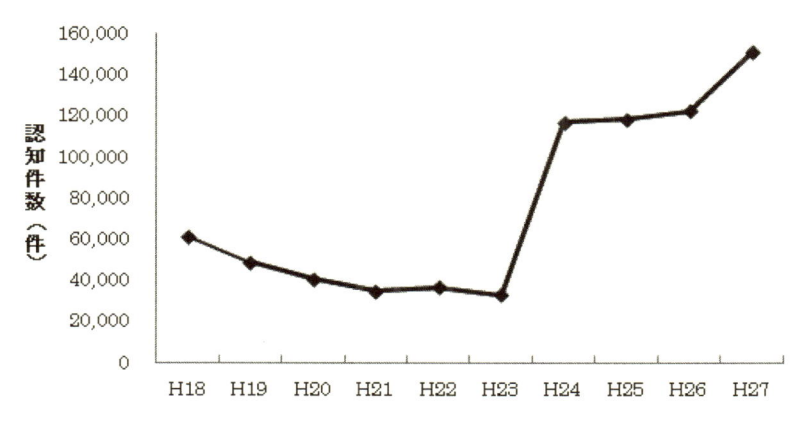

図 5-1　小学校でのいじめの認知件数の推移

（文部科学省（2017）『平成 27 年度　児童生徒の問題行動等生徒指導上の諸問題に関する調査について』のデータをもとに作成）

られた子どもがどのように感じるか」によって判断している。2011 年に男子中学生がいじめを苦に自死したことなどが報道され、学校はさらにいじめの積極的把握に努めるようになった。このような経緯で、2012（平成 24）年度以降のいじめの認知件数は上昇傾向にある。文部科学省が発表した報告書（『平成 27 年度児童生徒の問題行動等生徒指導上の諸問題に関する調査について』）で、小学校では、2015 年度のいじめの認知件数が 151,692 件であった。1 年生から 6 年生までの全ての学年で、認知件数が 2 万件を超えている。つまり、小学校ではどの学年でもいじめが認知されている（**図 5-1**）。

　では、どのようなきっかけでいじめが認知されているのだろうか。先の報告書から、いじめが認知されるきっかけとして、アンケート調査などの各学校の取り組みが多くを占めている（**表 5-1**）。また、担任だけでなく、養護教諭やスクールカウンセラーがいじめを発見したり、学校以外の関係機関からいじめの情報を得たりすることがある。このように、学校では多くの専門家の協力のもと、いじめの早期発見に努めている。

　小学生のいじめとして、最も認知件数が多いのは冷やかしやからかい、

表 5-1　いじめの発見のきっかけ

区分		認知件数（件）	合計（件）
学校の教職員	学級担任	18,805	105,740
	学級担任以外	1,907	
	養護教諭	443	
	スクールカウンセラー等の相談員	275	
	アンケート調査等学校の取組	84,310	
学校の教職員以外	本人	22,768	45,952
	本人の保護者	16,192	
	本人以外の児童生徒	4,035	
	本人以外の保護者	2,486	
	地域住民	141	
	学校以外の関係機関	258	
	その他	72	

（文部科学省（2017）のデータをもとに作成）

悪口といった行為（62.2％）である。そして、軽くぶつかられたり、遊ぶふりをして叩かれたり蹴られたりするといった身体的な暴力（25.6％）、仲間外れや集団による無視（18.8％）と続く。日本では、いじめの大半は暴力を伴わないものであり、近年ではインターネットによるいじめも広がっている。内閣府が 2013 年に行った『平成 25 年度青少年のインターネット利用環境実態調査』で、小学生の 30.3％が自分専用の携帯電話（PHS・スマートフォン）をもっていた。日常的に PC やタブレットに触れる児童を加えると、インターネットを利用している児童の数はさらに増えるだろう。その結果、**SNS によるいじめ**やトラブルが社会問題になっている。文部科学省の報告書の中で、いじめの認知件数のうち、PC や携帯電話等での誹謗・中傷、および嫌なことをされたのは 2,073 件であった。インターネット上でのこうしたトラブルは親や教師の知らないところで生じることが多く、認知されているのはその一部だろう。そして、このようなトラブルの件数は、今後も増加していくことが予想される。

2) 子どもから見たいじめの実態

　文部科学省の報告書は学校単位で回答をしているため、学校（教師）の視点からの現状を表したものであると言える。この調査からは、児童たちがどのような行為をいじめだと認識しているのかや、どれくらいの児童がいじめを経験したと感じているのかは分からない。

　森田ら（1999）が小学生を対象に行った調査の中で、1996 年の 2 学期にいじめられた子の割合は、小学 5 年生で 20.4％、小学 6 年生で 16.4％だった。一方、いじめた子の割合は小学 5 年生で 19.3％、小学 6 年生で 24.9％だった。笠井（1998）が小学生 5 年生 468 名を対象に行った調査では、「仲の悪い友人が面白がって嫌がらせをする状況」がいじめだと認識されやすい一方、「仲良しの友人が自分の行為の仕返しとして無視する状況」はいじめと認識されにくいことが分かっている。ただし、このような小学生のいじめに対するイメージとは違い、実際のいじ

めは仲良しグループ内で行われることが多い。森田ら（1999）の調査では、よく遊ぶ友達同士で行われたいじめが、全体の51.3％を占めており、女子ではこの割合がさらに増えていた。また、いじめが悪いことだと認識していながら、そのような認識がいじめを抑制していないこともわかっている。森田（2010）の研究チームが1984年に行った調査では、いじめの典型的な手口である「持ち物かくし」を悪いことだと認識している子どもは97％、「友だちをからかうこと」が悪いことだと認識している子どもは91％であった。ところが、調査をした全てのクラスで「友だちをからかうこと」が認知されており、持ち物かくしが認知されたクラスは調査対象の95％を占めていた。ここから、「いじめは悪いことだ」と認識しているだけでは、いじめを抑制するのには不十分であることがわかる。

3) いじめが子どもの心に与える影響

これまでの研究から、いじめられた体験が子どもの心身の様々な面に、長期にわたって悪影響を与えるという可能性が指摘されている。

久保田（2002）は小学校4年生から6年生を対象にアンケートを行った。その結果、いじめの継続時間が短期（7日以内）よりも長期（35日以上）の方が「体の調子が悪いと感じるようになった」と回答していた。また、学年をわたっていじめを経験した子どもは、1学年のみの子どもに比べて、「自信がなくなった」、「勉強や遊びをする気持ちがなくなった」、「人の態度を気にするようになった」、「人との付き合いが少なくなった」と強く感じていた。三島（2008）では高校生2,000人を対象に調査を行った結果、小学校高学年（5、6年生）の頃に「いじめ」を経験した生徒は、経験しなかった生徒に比べて、高校生になってからも自分はクラスで「浮いている」と感じたり、孤立感を強く感じたりしていた。さらに、友達の考えていることがわからないなどの、友人関係に対する不安や懸念を強く感じていた。

4) いじめへの対応

　学校でのいじめに対して、教師が与える影響は大きい。例えば、いじめの認知件数が低い学級は、高い学級よりもクラスのメンバー間の協力性が高く保たれていた（久保田, 2003）。小学生と中学生を対象に行った調査では、児童生徒が教師に対して、親近感や自信などを高く感じているほど、学級規範としていじめを否定的に捉えていた。一方、教師が不適切な権力を行使している（先生の言うことを聞かないと、成績を下げられたり嫌われたりする）と感じる児童生徒ほど、いじめの加害傾向が高かった（大西ら, 2009）。つまり、児童生徒に対する教師の不適切な態度は、いじめを助長する可能性があると言える。

　いじめへの対応でも学級担任をはじめとする教師が、チームを組んであたることが重要視されている。さらに外部人材を活用した教育相談や、関係機関との連携も強化されている。例えば、文部科学省（2015）の『不登校児童生徒への支援に関する中間報告』によると、2013 年度にスクールカウンセラー、相談員、あるいはスクールソーシャルワーカーが派遣されている学校数は 5 年前の約 1.5 倍に増加している。その他、スクールサポーター（警察署と学校・地域のパイプ役として、少年の非行防止や児童等の安全確保対策に従事する警察署の再雇用職員または専門知識を有する人材）や家庭裁判所、児童相談所とも必要に応じて連携することがある。また、24 時間いじめ相談ダイヤルを設置し、全ての児童生徒へ告知をする活動にも力を入れている。このように、いじめの早期発見・早期対応を目的として、学内外のさまざまな専門家と連携している。

⑵　不登校

1)　不登校の定義と現状

　文部科学省は、年度間に連続または断続して 30 日以上の欠席をした児童生徒数の調査を毎年行っている。そこでは、不登校を「何らかの心理的、情緒的、身体的、あるいは社会的要因・背景により、児童生徒が

登校しないあるいはしたくともできない状況にある者（ただし、「病気」や「経済的理由」による者を除く）」と定義している。統計を取り始めた1991（平成3）年度以降、不登校の児童の数は1998（平成10）年度をピークに減少傾向を示していたが、2012（平成24）年度以降は増加に転じている。また、学年が上がるにつれて不登校の児童数が増える傾向にある（**図5-2**）。

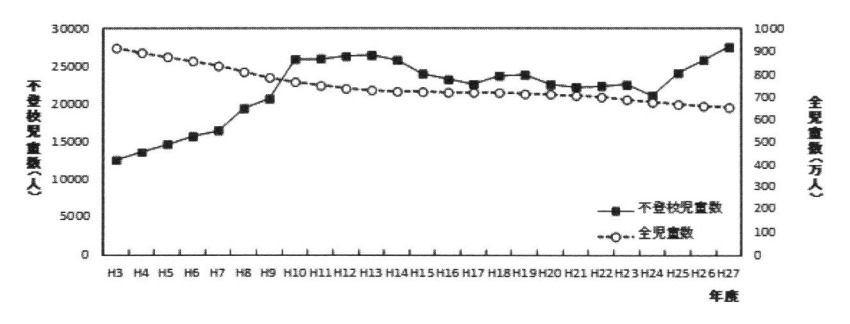

図5-2　全児童数と不登校児童数の推移

（文部科学省（2017）のデータをもとに作成）

　文部科学省の報告書では、不登校の理由を「**本人に係る要因**」、「**学校に係る状況**」、「**家庭に係る状況**」から分類している（**表5-2**）。本人に係る要因を見てみると、小学校では不安の傾向が最も多く、「あそび・非行」が最も少なくなっている。一方、学校・家庭に係る状況を見てみると、「家庭に係る」状況が最も多く、次いで、「いじめを除く友人関係をめぐる問題」が多い。なお、家庭に係る状況には、家庭の生活環境の急激な変化、親子関係をめぐる問題、家庭内の不和などが含まれる。一方、最も少ないのが「クラブ活動・部活動等への不適応」であった。この結果を見ると、不登校の原因として学校よりも家庭に関わる要因が多い。ただし、不登校になる原因は1つではなく、複数の要因が複雑に影響し合っていることを忘れてはいけないだろう。

　さらに、不登校の原因の中には発達障害が隠れていることもある。（発

達障害については第 5 章第 2 節で扱う。）例えば、ある病院で不登校を主訴に受診をした子どものうち、23.3％が広汎性発達障害と診断されたというデータもある（桐山, 2008）。

表 5-2　不登校の要因（児童数）

本人に係る要因[1]	学校に係る状況[2]								家庭に係る状況[3]
	いじめ	いじめを除く友人関係をめぐる問題	教職員との関係をめぐる問題	学業の不振	進路に係る不安	クラブ活動等・部活動等への不適応	学校のきまり等をめぐる問題	入学、転編入学、進級時の不適応	
「学校における人間関係」に課題を抱えている（3,849 人）	149	2,505	670	376	33	30	89	181	1,009
「あそび・非行」の傾向がある（345 人）	0	53	10	82	2	0	25	7	235
「無気力」の傾向がある（7,896 人）	4	651	117	1,600	59	12	198	276	5,360
「不安」の傾向がある（9,291 人）	39	2,096	350	1,374	158	30	237	776	4,801
その他（6,202 人）	9	352	94	436	36	6	79	215	4,515
計	201	5,657	1,241	3,868	288	78	628	1,455	15,920

（文部科学省（2017）のデータをもとに作成）

注 1 「本人に係る要因（分類）」については、「長期欠席者の状況」で「不登校」と回答した児童生徒全員につき、主たる要因 1 つを選択。2 つ以上の要因があり、いずれが主であるかを決め難い場合は、分類欄のより上段のものから選択。

注 2 「学校、家庭に係る要因（区分）」については、複数回答可。「本人に係る要因（分類）」で回答した要因の理由として考えられるものを「学校に係る状況」「家庭に係る状況」より全て選択。なお、学校及び家庭に係る状況に当てはまるものがない場合は、回答していない。

注 3 「家庭に係る状況」とは、家庭の生活環境の急激な変化、親子関係をめぐる問題、家庭内の不和等が該当する。

2）　不登校の経過モデル

不登校になる原因は複数あり、その経過には個人差があるものの、共通点も少なくない。齊藤（2007）は不登校の過程を、「**不登校準備段階**」、「**不**

登校開始段階」、「**ひきこもり段階**」、「**社会との再会段階**」に分けることを提案している（**図5-3**）。

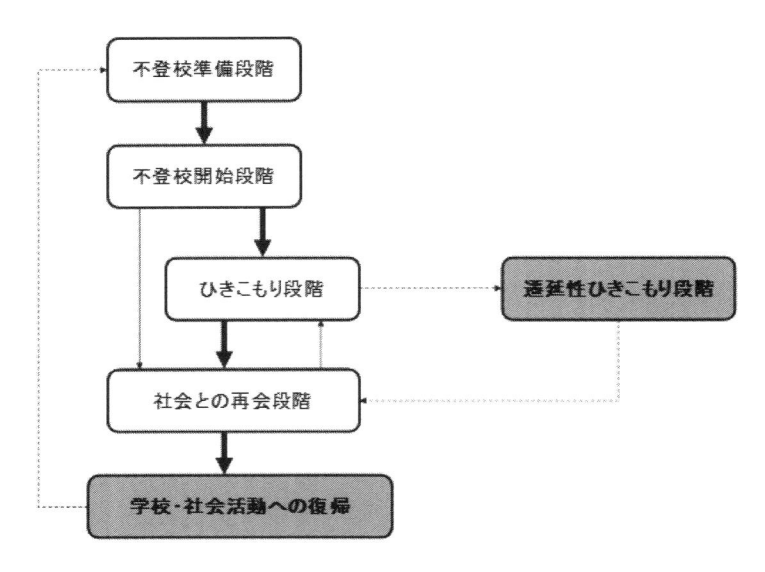

図5-3　不登校の経過（齊藤，2007）

　不登校準備段階では、本人も周囲もこの状態が「不登校である」とは考えていないことが多い。しかし、何らかの理由によって葛藤が高まると、不定愁訴（頭痛や腹痛など）、不安や恐怖、抑うつ、強迫症状、問題行動などの症状が現れることがある。中村ら（2010）は静岡県の約3,000名の小学生（2、4、6年生）を対象に大規模な調査を行った。その結果、全体の10％程度の子どもに不登校傾向（学校に行きたくないと思うことが週に1日程度）が認められた。不登校傾向の自覚症状には、イライラ感、活力低下、疲労倦怠感、朝眠くてなかなか起きられないこと、および強い痩せ願望があり、このような症状が不登校傾向の無い子どもよりも強く現れていた。そこで、支援者はこのような子どものサインを見逃さないことが求められる。もちろん、多くの子どもたちは上記のような症状

を示しても、様々なサポートを得ることで不登校が顕在化しない。ところが、中には欠席が目立つようになり、周囲からも不登校が分かるようになる子どももいる。

　不登校開始段階では、周りはもちろんのこと、本人も混乱した状態にある。このような状態の子どもに登校を強く促すと、激しい抵抗を示すこともある。この段階から早期に復帰できる子もいれば、長期間にわたって登校ができない状態になる子もいる。登校できない状態が長期化しひきこもり段階になると、不登校開始段階で見られたような登校への激しい抵抗は収まるが、家から出られない状況が続く。この時期は数か月続くこともあるし、数年間継続することもある。

　社会との再会段階では、ひきこもり状態を脱して、外の世界へと目が向いていく。自分の趣味や興味のあることに対して、一人で外出をする様子が見られるようにもなる。この時期になると、周囲も登校刺激を与えながら少しずつ登校を促していくことが可能になる。ただし、登校をあせり過ぎるとひきこもり段階へと逆戻りすることもあるため、注意が必要である。学校への復帰が難しい場合、学校外の教育施設を利用することもある。実際に、学校外で教育を受ける子どもの数は増えている（文部科学省, 2015）。学校外の教育施設として、教育支援センター（適応指導教室）、ICT を使った学習支援、あるいは民間のフリースクールなどがある。その他、2005 年には特別な教育課程を編成する学校を「**不登校特例校**」として指定するようになった。不登校特例校の多くは、年間の総授業時間数を 750 ～ 770 時間程度としており、体験的な学習を多く行うように、総合的な学習の時間を増やすなどの工夫をしている。

3)　不登校に対する学外機関との連携

　不登校の子どもに対して、学校では様々な対応をしている。例えば、教師が家庭訪問をしたり、電話をかけたり、迎えに行ったりするなどの登校刺激を与えることが挙げられる。また、スクールカウンセラーが介

入することもある。ただし、不登校の原因が本人だけにあるとは限らないため、学校だけで対応するのにも限界がある。そこで、不登校児へのサポートとして、教育関係だけでなく、警察・司法、福祉、保健・医療といった、様々な関係機関との連携がなされている（**表5-3**）。近年は、学校と学外の機関を繋ぐ調整役として、スクールソーシャルワーカーへの期待が高まっている。

表 5-3 不登校を支援するための主な連携先

機関	内容
教育相談所	地方公共団体が設置する教育相談機関で、児童生徒の教育上の諸問題について、面接、電話、文章等により相談業務を行っている。
教育支援センター	不登校児童の在籍校との連携の下、不登校児童生徒の相談・適応指導（集団生活への適応や基礎学力の補充など）を行うとともに、保護者に対しても助言・援助を行うことで、学校復帰を支援する。
警察・少年サポートセンター	少年事件などの捜査活動に加えて、非行防止活動を行う。
少年鑑別所	送致された少年への鑑別判定を決定している。そのほか、少年本人や保護者、ならびに教員からの相談（一般相談）にも応じる。
保護観察所	保護観察処分少年と少年院仮退院者に対して、指導監督および補導援護を行う。さらに、非行防止のための取り組み、授業を実施する。
児童相談所	「児童福祉法」に基づき、児童及びその家族を援助する。相談内容には大きく、養護相談（虐待など）、障害相談、非行相談、育成相談（しつけ、不登校など）がある。
児童家庭支援センター	児童相談所などと連携しながら、18歳未満の子どもに関する、学校や家庭、地域における悩みなど、様々な相談を受け付けている。ほか、一時的に子どもを保護する機能も備えている。
福祉事務所	社会福祉を推進するための総合的な行政機関である。生活保護や児童・高齢者・障害者福祉のほか、家庭への支援や保健医療相談も行う。
保健所	インフルエンザなどの感染症対策や健康診断のほか、精神保健医療、食品安全、生活環境安全などの分野における地域住民の健康や衛生を支える。
家庭児童相談所	18歳未満の子どもの養育に関する悩みごとや子どもに関わる家庭の人間関係等、児童福祉に関するあらゆる相談に応じる。
民生・児童委員	それぞれの地域において高齢者の相談や見守り、児童虐待の防止・早期発見などを行う。
精神福祉センター	精神障害者に関する相談業務、社会復帰施設の運営や啓発事業の実施など、心の健康に関するさまざまな業務を行っている。
病院、診療所	子どもの心身の健康にかかわる診断、治療を行う。

（国立教育政策研究所生徒指導研究センター（2011）をもとに作成）

　スクールソーシャルワーカーとは社会福祉士および精神保健福祉士といった国家資格をもった福祉の専門職である。子どもが抱える問題への支援に際して、学校・家庭・関係機関の調整役を担う。例えば、学校では不登校児のケース会議に参加し、教師との情報共有を行ったり、必要に応じて教師と一緒に家庭訪問を行ったりする。その中で、本人の心身に原因があるとわかれば、病院やスクールカウンセラーと連携をして支援に当たる。また、家庭に不登校の原因があるとわかれば、保護者の自立支援相談に応じたり、福祉制度を紹介したりして、家庭への支援を行う。このように、スクールソーシャルワーカーは、学校を中心として子どもを取り巻く環境に働きかけることで、その子が抱える困難の解消をサポートするという役割を担っている。

より勉強を深めるために
いじめや不登校については、今回紹介をする本以外にもたくさんの良書がある。ぜひ、多くの本を読んで理解を深めてほしい。

① 　森田洋司 (2010)『いじめとは何か　教室の問題、社会の問題』、中央公論新社。
　この本では、はじめに海外の研究結果を示した上で日本との比較をしながら、いじめの定義とその対応について論じている。さらに、日本でいじめ問題がどのように扱われてきたのかについて説明をしている。いじめは学校だけの問題ではなく、社会の仕組みそのものが大きく影響していることがわかる。この本を通して、学校教育がどうあるべきなのかをぜひ考えてほしい。
② 　亀田秀子 (2016)『いじめ・不登校・虐待と向き合う支援と対応の実際』、三恵社。
　この本では、いじめ・不登校・虐待と向き合う支援と対応について解説されている。著者の実践活動から得られた事例は、具体的でとてもわかりやすい。教育・福祉の分野を目指す学生にはぜひ読んでほしい一冊である。
③ 　門田光司・松浦賢長 (2009)『子どもの社会的自立を目指す　不登校・ひきこもりサポートマニュアル』、少年写真新聞社。
　この本では、不登校児童生徒を支援する立場から、不登校のとらえ方、校内での協働、校外との協働についてわかりやすく説明されている。特に、校内協働と校外協働については詳細に書かれている。ひきこもりが社会問題となっている今、本書で紹介されている社会的自立を目指した取り組みは、一層重要なものになるだろう。不登校やひきこもりの支援について興味がある学生には、お勧めの一冊である。

参考文献

大西彩子・黒川雅幸・吉田俊和 (2009)；「児童・生徒の教師認知がいじめの加害傾向に及ぼす影響——学級の集団規範およびいじめに対する罪悪感に着目して——」『教育心理学研究』第 57 巻、324-335 頁

笠井孝久 (1998)；『小学生・中学生の「いじめ」認識』、『教育心理学研究』第 46 巻、77-85 頁

桐山正成 (2008)；「思春期において不登校を呈した高機能広汎性発達障害について——適応障害との比較と臨床的検討」『川崎医会誌』第 34 巻、57-68 頁

久保田真功 (2002)；「いじめが被害者に及ぼす影響——小学生を対象とした質問紙調査をもとに」『教育学研究紀要』第 48 巻、223-228 頁、中国四国教育学会

久保田真功 (2003)；「学級におけるいじめ生起の影響要因の検討——学級集団特性と教師によるいじめ予防策に着目して」『日本特別活動学会紀要』第 11 巻、95-104 頁

齊藤万比古 (2007)；『不登校対応ガイドブック』、中山書店

中村美詠子・近藤今子・久保田晃生・古川五百子・鈴木輝康・中村晴信・早川徳香・尾島俊之・青木伸雄 (2010)；「不登校傾向と自覚症状、生活習慣関連要因との関連 静岡県子どもの生活実態調査データを用いた検討」『日本公衆衛生雑誌』第 57 巻、881-890 頁

三島浩路 (2008)；「小学校高学年で親しい友人から受けた「いじめ」の長期的な影響——高校生を対象にした調査から」『実験社会心理学研究』第 47 巻、91-104 頁

森田洋司 (2010)；『いじめとは何か——教室の問題、社会の問題』、中央公論新社

森田洋司・滝充・秦政春・星野周弘・若井彌一 (1999)；『日本のいじめ——予防・対応に生かすデータ集』、金子書房

国立教育政策研究所生徒指導研究センター (2011)；『生徒指導資料　第 4 集　学校と関係機関等との連携——学校を支える日々の連携』、国立教育政策研究所 . http://www.nier.go.jp/shido/centerhp/4syu-kaitei/4syu-kaitei.htm（最終アクセス 2018.05.23）

文部科学省 (2015)；「不登校児童生徒への支援に関する中間報告〜一人一人の多様な課題に対応した切れ目のない支援の推進〜」http://www.mext.go.jp/component/b_menu/shingi/toushin/__icsFiles/afieldfile/2015/09/07/1361492_01.pdf（最終アクセス 2018.3.30）

文部科学省 (2017)；『平成 27 年度「児童生徒の問題行動等生徒指導上の諸問題に関する調査」について（確定値反映）』、文部科学省 .　http://www.mext.go.jp/b_menu/houdou/29/02/__icsFiles/afieldfile/2017/02/28/1382696_001_1.pdf（最終アクセス 2018.05.23）

内閣府 (2014)；『平成 25 年度 青少年のインターネット利用環境実態調査』、内閣府 . http://www8.cao.go.jp/youth/youth-harm/chousa/h25/net-jittai/pdf-index.html（最終アクセス 2018.05.23）

2　発達の諸問題と支援　　　　　　　　　　　　塚原拓馬

(1)　特別な支援を必要とする子ども

　現在（平成 28 年度）、特別支援学校および小・中学校の特別支援学級の在籍者並びに通級による指導を受けている幼児児童生徒の総数は 45 万人、このうち義務教育段階の児童生徒は 387,000 人であり、これは同じ年齢段階にある児童生徒全体の約 3.9% にあたるとされている（平成 28 年度障害者白書　内閣府）。また、文部科学省中央教育審議会の報告書「共生社会の形成に向けたインクルーシブ教育システム構築のための特別支援教育の推進」（平成 24 年）によれば、①共生社会の形成に向けて、②就学相談・就学先決定の在り方、③合理的配慮およびその基礎となる環境整備、④多様な学びの場の整備と学校間連携等の推進、⑤特別支援教育を充実させるための教職員の専門性の向上、について提示されてきた。なお、**インクルーシブ教育システム**とは、包容する教育制度（障害のある者と障害のない者が共に学ぶ仕組みのこと）を示している。

　このような背景からも、特別な支援を要する子どもへの専門的理解と教育支援を志向することは教育者として不可欠である。以下では、発達障害を中心に特別な支援を必要とする子どもの特徴について概説していく（なお、基準については、精神疾患の分類と診断の手引きである DSM- IV または DSM-5 を参考とする。）

(2)　発達障害の理解

　①「**学習障害**（Learning Disability）」とは、DSM- IV による診断的特徴では「読字、算数、書字の技能を必要とする学業成績または日常生活を顕著に妨害する」とあり、全般的に知的発達の遅れは見られなく、話す、聞く、読む、書く、計算する、推論する能力のうち、特定のものの習得と使用に著しい困難さを示す障害のことである。なお、DSM-5 では、「神経発達症群」にあり「**限局性学習障害／限局性学習症**（Specific Learning

Disorder）」とされている。このような学習面での障害は様々な事物に対する動機づけを阻害し、劣等感や心身の発達にも否定的影響を及ぼす可能性が生じる恐れが考えられる。

　次に、②「**注意欠陥多動性障害**（Attention-Deficit Hyperactivity Disorder）」である。

　DSM-Ⅳによる診断的特徴では、「不注意および／または多動性——衝動性の持続的な様式で、同程度の発達にあるものと比べてより頻繁で重症なもの」とされ、「障害を引き起こすような多動性——衝動性または不注意の症状のいくつかが7歳以前に存在していたもの」とされている、不注意または多動性・衝動性のどちらかが顕著に見られる優勢型（不注意優勢型、多動性・衝動性優勢型）か、両者の症状のどちらも見られる混合型も見られる。なお、DSM-5では、「神経発達症群」にあり「**注意欠陥・多動症／注意欠陥・多動性障害**（Attention-Deficit Hyperactivity Disorder）」とされている。このような注意の欠陥や多動性は、学業場面での集中困難や学級適応、仲間関係などに否定的な影響を及ぼす可能性が生じる。

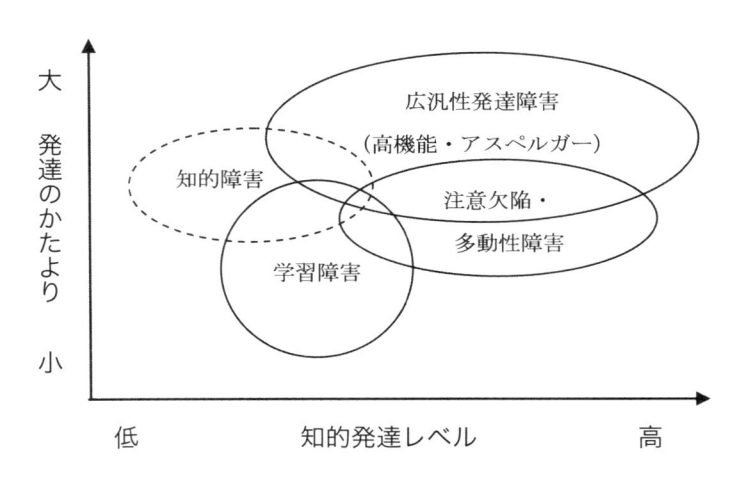

図 5-4　各発達障害の特徴による布置関係

（参考：七木田 , 2007；塚原 , 2011 より）

　そして、③「**広汎性発達障害**(Pervasive Developmental Disorder)」とは、DSM- Ⅳの診断的特徴によれば「対人相互関係および意思伝達の著しい異常またはその発達の障害、および著明に制限された活動と興味の範囲の存在」とされている。また、言語発達の遅れをともなわないものはアスペルガー障害とされている。このように、特定の能力のみに障害がみられるのではなく、対人関係、言語、情動といった領域にも障害の特徴がみられる。なお、DSM-5 では、「神経発達症群」にあり「**自閉スペクトラム症／自閉症スペクトラム障害**(Autism Spectrum Disorder)」とされている。複数の状況で社会的コミュニケーションおよび対人相互反応における持続的な欠陥があることや、行動、興味、または活動の限定された反復的な様式があることなどを特徴としている。

　これらの障害は相互に関連するため類似した症状を呈し，他の発達的問題を生みだすという可能性もある(**図 5-4**)。例えば、学習障害により学校の教科教育の習得に著しい遅れが生じ、強い劣等感を抱いたり、学業への意欲が阻害されたりすることが生じる。また、不注意や多動性が強いことで他の子ども達との良好な仲間関係が形成できないことや他の子どもに危害を加えてしまうことになる可能性もある。また、コミュニケーションの質的問題や活動の限定などから、様々な学校の行事などに対して柔軟に対応することができず、学校やクラスに適応することが難しくなることもある。

　このように，障害による症状そのものの問題(一次障害)だけに限らず、学校生活における対人関係の維持・発展に関する問題や、それらの体験から健全な心身の発達に障壁が生じて悪循環に陥る「**二次障害**」を生みだすことも極めて重要な注意点である。学校の学習についていけないことによる劣等感や不全感、また学校や友人関係に適応できなくなり結果として不登校になるなど、様々な二次障害が生じることがある。だからこそ、教育的支援においては、障害の症状についての理解だけでなく、対象児の特性や二次障害についての配慮を大切にしなければならない。

⑶　早期発見とカウンセリングマインド

　昨今、発達障害の特徴を早期に発見し、対応をするべく 5 歳児健診が推奨されてきている。厚生労働省による平成 27 年度地域保健・健康増進事業報告の概況によると、平成 27 年度の 5 歳児健診の受診は 81.3% であり、3 歳児健診の 94.3% と比べるとまだ十分に浸透していない状態にある（表 5-4）。

表 5-4　幼児の健康診査の年次推移

		平成 25 年度	平成 26 年度	平成 27 年度
3 歳児	一般健康診査受診実人員	1,009,368	1,009,176	1,017,584
	受診率 (%)	92.9	94.1	94.3
4 歳児 ~6 歳児	一般健康診査受診実人員	43,510	46,423	50,483
	受診率 (%)	77.9	79.7	81.3

（参考：平成 27 年度地域保健・健康推進事業報告より一部抜粋）

　また、特に限局性学習障害（LD）は学習・認知機能に関する症状の特性であることもあり、就学期以降に顕著に現れる特性でもある。そのため、就学期（小学校）における教育場面での早期発見が学習障害児の支援には重要な時期であることは明らかである。

　このような健康診査は診断のためというよりも特性を理解するために行われることが大切であり、その保護者への対応と支援が不可欠となる。このように、就学期において教育者にとって学習支援や家族支援は大変重要な役割になる。

　例えば、中央教育審議会の報告書（平成 24 年度）によれば、学習障害の子どもに対し、苦手な学習活動があることで自尊感情が低下している場合には、成功体験を増やしたり、友達から認められたりする場面を設けるなど心理面・健康面の配慮が必要であることを提示している。

　このような問題を抱える子や支援を必要とする子に対する関わり方や態度はカウンセリング・マインドと言われる。**カウンセリング・マイン**

ドとは、カウンセラーの基本的態度をもって教育的に関わることである。すなわち、「**傾聴、受容的態度、共感的理解**」を示している。例えば、発達障害の特性により学習への取り組みが進まない状態を、「なまけている、やる気がない」など、教師が一方的な決めつけ、レッテル貼りをすることにより、劣等感や疎外感を助長することはできる限り避けるべきことであろう。昨今、不登校などの問題を抱える児童が増えているという現象は前節で示した通りである。しかし、問題を抱える子どもの特性や背景（生育など）は十人十色である。そのため関わる子どもの色彩をできるだけ広くかつ深く理解できるように努めることも教育者としての役割となる。問題を抱える子どもの内的な世界（考えや気持ち、思いなど）をしっかりと傾聴し、肯定的に受け止めていくことで、子どもとの信頼関係を築くことが何より効果的な指導（計画）となるのではないだろうか。

　また、こうした発達上の問題を抱える児童を理解し支援していくためには、教育者一人の力だけでは決して十分に機能しないであろう。教育者（教師）は万能ではなく、障害の特性は同じ症状でも十人十色である。教育者（担任）という視点だけではなく、広く対象児の特性や取り巻く環境を「見つめ」、その子を広い視点で深く理解するためにはどのような視点が大切であろうか。次に、家族という視点と支援について概説していきたい。

⑷　成育環境および背景の理解と支援

　文部科学省による学習指導要領における学校運営上の留意事項では、家庭や地域社会との連携および協働と学校間の連携が示されている。また、小学校学習指導要領解説において児童の発達を支える指導の充実について、「個々の児童が抱える課題を受け止めながら、その解決に向けて、主に個別の会話・面談や言葉がけを通して指導や援助を行うカウンセリングの双方により、児童の発達を支援することが重要である」と説かれている。

　現代の子ども達を取り巻く環境においては、家庭や地域での教育力が低下していることから、子どもの発達にも多様な影響をもたらしている。例えば、大家族と比べて核家族の場合は、家庭内での役割や関係性は異なるであろう。核家族や母子（父子）家庭では祖父母や年長の兄弟（姉妹）からの教育が受けられないし、家庭は孤立しやすい環境かもしれない。先に挙げた不登校の要因（5章1：学校への適応）でも家庭に係る状況が最も多いことからも、児童への適応には家庭（家族関係）が大きな影響をもっていることは明らかである。

　以下では、家族というシステムから子どもの状態を理解する視点を考えていきたい。例えば、亀口（2006）によれば、**家族システム**とは家族をあるまとまりをもった複合的な心理システムとして捉える見方である。つまり、家族の構成者は、一人ひとりが全く独立した存在なのではなくて、家族の構成者同士が相互に（複合的に）影響し合いながらも、一定のまとまりをもって存在していると考えるものである。そして、子どもの問題は、その子ども自身の問題（症状）として生じているのではなく、家族システムによる何らかの反応として生じているものとして捉えている。

　例えば、学校に適応できず不登校の状態にあるA君がいたとする。それは、発達の障害などA君の特性により学業についていけず、結果として学校に行けなくなってしまうこともあり得る。日頃のA君の様子から落ち着きのなさや不注意な行動が目立つため、もしかすると発達障害が疑われるかもしれない。しかし、カウンセリングを通して見えてくる問題はそれだけではない。A君の家庭では長女が以前から身体の疾患をもっており、母親は長女に寄り添い看病している。また、父親と母親は育児や家計の苦労からよく口論になっている。そのような家庭的環境から見ると、A君の不登校という状態は、果してA君が発達の障害（もしくはその傾向）があることが原因と言えるであろうか。

　実は、A君にとって家庭という場所はあまり心が安心できる状態ではないのかもしれない。また、長女の疾患が重いために母親は長女の看病

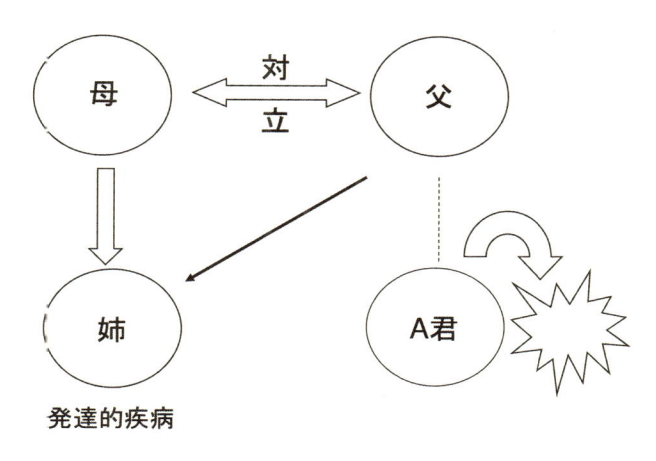

図 5-5　家族システムから見る子どもの状態像例

に付き切りで、A 君は家庭内で孤立した状態にあるのかもしれない。そのため、学校に行っても心が落ち着かず、勉強に集中できずに、結果として学業不振の状態に陥り、それが不登校に繋がってしまったとも考えられる（**図 5-5**）。

　このように視点を家族から捉えてみなければ、A 君の本当の原因や状態への理解が深まらないであろう。「落ち着きがなく、注意が持続しない」という学級での状態から、すぐに発達障害とレッテルを貼って見てしまうことは、A 君にとっても不本意なことではないだろうか。ともすれば、強い劣等感をもってしまうなど否定的な方向へと導いてしまう。そのため、問題を抱える子どもの状態を理解するためには、広い視点で「見つめる」ことが大切となる。

　つまり、家族をシステムとして捉える視点は、子どもの問題行動（例えば、不登校）を親の養育態度が原因であるという一方向的な視点（直線的因果論）ではなく、家族の構成者が相互に作用しあうこと（円環的因果論）で発生するものと捉える見方である。

　また、この家族システムには平衡を維持しようとする働きがあると考

えている（亀口 , 2006）。生体のホメオスタシス（平衡維持機能）のように、家族にはバランスを一定に保とうという働きがあり、子どもの問題行動は家族の平衡を維持するという肯定的な意味があると考えられる。つまり、先の例のように A 君の不登校という問題行動は、家族の不安定さから生じた反応であり、家族がバランスを崩している"サイン"であると考えられる。

　以上のように、関わる子どもに「障害があるか、診断は何か」という視点（**疾病性**）よりも、「どのような特徴であるか、置かれた環境はどのようなものか」という視点（**事例性**）で、子どもを「見つめる」という姿勢が発達的支援においては何より大事なことになる。子どもの見つめ方を見誤ることで、本来子ども自身がもっている発達の可能性を見過ごすことにもなり兼ねない。できる限り先入観をもたないように「ありのまま」の姿を理解するように努めることがこれからの教育的支援には求められている姿勢であるといえる。

A 君　8 歳　　父親 45 歳　母親 43 歳　妹 B 子 5 歳

　A 君は最近、授業中に集中できずに隣の子の邪魔をすることが目立ち、よく注意を受けています。廊下に飛び出して行ったり、机を叩いたりする行動も見られています。特に担任の先生が気になっていることは、国語の成績が良くないことです。読み飛ばしや読み間違いが多く、教科書は何の文字かわからないなぐり書きが目立っています。学習塾には通っていますがそこでの宿題もあまりできていないそうです。

　母親と面談した際に、学習塾での様子などを聞いたところ最近はほとんど休んでいるとのことでした。母親は昨年からフルタイムで働いており、父親は単身赴任で地方におり、週末もなかなか帰宅できないという話もされていました。また、妹の B 子は保育所に預けており、仕事が遅くなると毎日の送り迎えが正直大変と母親は話しています。

①この時点で考えられる A 君の特徴はどのようなものか

_____
_____
_____

②上記において不足している情報はどのようなものか
（どのような情報があるとより理解が進むと思われるか）

_____
_____
_____
_____

③対応において配慮すべき点は何が想定されるか、どのような態度で対応すべきか

_____
_____
_____
_____

より勉強を深めるために

乙訓稔編（2011）；『幼稚園と小学校の教育──初等教育の原理』、東信堂
乙訓稔監修　近喰晴子・松田純子編（2014）；『保育原理──保育士と幼稚園教諭を志す人に』、東信堂

参考文献

亀口憲治編（2006）；『家族療法　心理療法を学ぶ心理療法がわかる心理療法入門心理療法プリマーズ』、ミネルヴァ書房
亀口憲治（2000）；『家族臨床心理学　子どもの問題を家族で解決する』、東京大学出版会
厚生労働省（2015）；「平成 27 年度地域保健・健康推進事業報告」、（http://www.mhlw.go.jp/toukei/saikin/hw/c-hoken/15/dl/gaikyo.pdf 最終アクセス accessed 2017.10.1）
高橋三郎・大野裕・染矢俊幸訳（1996）；『DSM-4-TR　精神疾患の診断・統計マニュアル』医学書院
塚原拓馬（2011）；「幼児童期および学童期における発達的問題と心理教育的対応－社会性の発達の視点から－」『上田女子短期大学紀要』、第 34 号　131-142 頁
内閣府（2014）；「社会参加へ向けた自立の基盤づくり　第 1 節　障害のある子どもの教育・育成に係る施策」、http://www8.cao.go.jp/shougai/whitepaper/h26hakusho/zenbun/h1_05_01_01.html 最終アクセス 2017.10.20）

内閣府 (2016)；『障害者白書　第 3 編　障害者施策の実施状況』、大蔵省印刷局

七木田敦 (2007)；『実践事例に基づく障害児保育－ちょっと気になる子へのかかわり
　　－』、保育出版社

日本精神神経学会　監修　高橋三郎・大野裕　監訳　染矢俊幸・神庭重信・尾崎紀夫・
　　三村将・村井俊哉 (2014)；『DSM-5　精神疾患の診断と診断マニュアル』、医学
　　書院

文部科学省　中央教育審議会　初等中等教育分科会 (2012)；「共生社会の形成に向け
　　たインクルーシブ教育システム構築のための特別支援教育の推進（報告）平成 24
　　年 7 月」、(http://www.mext.go.jp/b_menu/shingi/chukyo/chukyo3/044/houkoku/1
　　321667.htm 最終アクセス 2017.11.1)

文部科学省 (2017)；「小学校学習指導要領　平成 29 年 3 月」

文部科学省 (2017)；「小学校学習指導要領解説　総則編　平成 29 年 6 月」

The American Psychiatric Association（1994）Diagnostic and Statistical Manuel of
　　Mental Disorders Fourth Edition.　American Psychiatric Association, Washington
　　D.C.

The American Psychiatric Association（2013）Diagnostic and Statistical Manuel of
　　Mental Disorders Fifth Edition.　American Psychiatric Publishing, A Division of
　　American Psychiatric Association, Arlington, VA.

第6章　学びを創造する
——教育と創造

渡辺 敏

本章のねらい

　みなさんが小学生だったとき、総合的な学習の時間でどのようなことを学んだのでしょうか。「総合的な学習って、日野っ子タイムのことかな？」というように、総合的な学習の時間という名称を知らずに学んでいたかもしれませんね。平成14年に総合的な学習の時間が始まり、現在に至るまで、各学校では特色ある独自のカリキュラムで総合的な学習の時間に取り組んできました。そのような意味では教科書のある教科学習とはかなり違った取り組みを経験してきたかもしれませんね。ぜひ、近くの友達とどんな学習をしてきたか話し合ってみてください。「林間学校の計画をした」や「災害に備えて学校でお泊り会をした」、「卒業研究と言って6年生の1年間、自分が決めたテーマに取り組んだ」など、かなり取り組んできた内容が違っていてびっくりするかもしれません。

　本章では総合的な学習の時間が誕生した背景を理解し、現在、どのようなねらいで取り組まれているのかを実際の学習場面から理解を深めることを目的としています。教科書がなくても、子どもたちが主体的に深く

学ぶ姿を感じてほしいと思います。そして皆さんが小学校現場に出た時に、ぜひ、積極的に総合的な学習の時間をコーディネートし、その学びの質の高さを実感してほしいと思っています。

1　総合的な学習が生まれた背景

⑴　諸外国での総合的な学習の取り組み

1930 年代〜 1950 年代にアメリカで取り組まれたコアカリキュラムは、総合的な学習の創生記のカリキュラムと言っていいだろう。その後、ドイツやイギリスといったとヨーロッパの国々、オーストラリア、ニュージーランドなどの南太平洋の国々でも学校教育の中心としてトピック学習やプロジェクト学習と呼ばれる総合的な学習は取り組まれてきた。

右の写真（**図 6-1**）はニュージーランド、クライストチャーチ市の Iram school、2017 年度の 5 年生の「Rock cycle」というトピック学習の教室掲示である。岩の成り立ちについて学んだことを図（Diagram）に表わし、文章でも説明している。学んだことはトピックのノートにファイリング（**図 6-2**）されていく。ノートの形からもわかるように国語や算数と同様にプロジェクト学習は行われている。

図 6-1　児童が書いた岩の成り立ち

このように現在もトピック学習、プロジェクト学習は世界の教育現場で実践されている。この背景に

図 6-2　トピック学習と算数のノート

はデューイ（Dewey, 1859-1952）の児童中心主義の教育思想が大きく反映されている。デューイは学校を小さな社会と捉え、子どもは社会との相互作用の中から、経験を通して学びを深める、という**活動主義**を提唱した。子どもの学びは外から来るのではなく、内側から発生し、それまでの経験と融合し、再構成されていくという考えである。そのため、子どもの教育に関わる大人は、子どもの側に立ち、子どもを中心とした教育を展開することが求められたのである。この考えは現在、世界で実践されている総合的な学習の基本理念と同じ立場であろう。現代ではデューイの理念を取り入れた教育実践として、イタリアのレッジョ・エミリア・アプローチが挙げられる。子どもの自主性と協調性を重んじたアートを中心とした幼児教育には、子どもたち同士の相互の交渉、また、個人的、集団的に探求していく活動から構成主義的に学びを深める姿が見られる。**プロジェクト型学習**が幼児期からも可能であることを示し、その実践は世界の幼児教育の中に広がりを見せている。

⑵　日本で取り組まれてきた総合的な学習

　日本でも総合的な学習の時間が始まる以前から、児童の活動を中心にした学習に取り組んできた学校がある。長野県の伊奈小学校は昭和50年代から総合学習、総合活動を1年生から6年生まで取り組み、現在もその取り組みは続いている。また、大学の付属小学校でも長く、総合的な学習は研究、実践されてきた。しかし、総合的な学習は日本の教育の主流にならず、常に望ましい教育の姿として語られるが、実現するのは難しいという認識は変わらなかったのである。

　1996（平成8）年、今から20年ほど前に文部科学省の中央教育委審議会による答申では21世紀を展望した日本の教育の在り方を提示された。答申のポイントとして「これからの教育は「ゆとり」の中で「生きる力」を育成することを大切にします」と述べられている。変化の激しい社会の中では、子どもたちに生きる力を育むことが必要だと考えたのだ。そ

して、生きる力を育成の基本として、学校は、知識を教え込む教育から、自ら学び、自ら考える教育へと転換すると述べられている。具体的なポイントとして例えば、以下の点が挙げられていた。

- ・教育課程の弾力化や指導方法の改善、特色ある学校づくりを進めます。
- ・自然体験やボランティア活動などの体験活動を充実することが必要です。
- ・横断的・総合的な指導を一層推進するため、新たに「総合的な学習の時間」を設け、各学校の判断により、国際理解、情報、環境、ボランティア、自然体験などに取り組むことを提言します。

　このような答申を受け、平成14年度から総合的な学習の時間は始まった。これまで日本の社会では個人が知識を早く正確に還元することを重要視してきた。しかし現代のような変化の激しい社会の中で、一人ひとりが知識を積み重ねるよりも、仲間と協力し、知識を活用して問題解決にあたることの方が実際に求められるようになった。このような背景から総合的な学習の時間で学んだ子どもたちが、社会の新たな課題に協働的に取り組むことが期待されたのである。しかし、2006年、PISAの学力調査の結果、日本の子どもたちの読解力、数学的リテラシー、科学的リテラシーの点数が下がったのを受け、文部科学省は総合的な学習の時間を3，4年生で105時間から70時間、5，6年で110時間から70時間と削減し、その時間を国語、算数、社会、理科の主要教科4教科と体育の時間に戻したのである。いわゆる**PISAショック**である。これを機に、全国学力状況調査が始まり、現場の先生はその結果に一喜一憂するようになった。総合的な学習の時間の実践が積み重なる前に、先生方の関心は総合的な学習の時間から、主要教科の指導に移ったのである。

　この時期、学力低下とゆとり教育がセットで語られたが、その原因が

総合的な学習の時間ではないことは全国学力状況テストの結果から明らかになったのである。全国学力状況調査ではテストと共にアンケート調査を学校、児童生徒に行っている。学校で行った質問の「前年度までに総合的な学習の時間において、課題の設定からまとめ・表現に至る研究の過程を意識した指導をしましたか」の回答として「よく行った」と回答した学校と、「あまり行っていない」、「全く行っていない」と回答した学校の平均正答率を比較したところ、「よく行った」学校の方が小学校国語A問題で 2.5 ポイント、国語B問題で 3.4 ポイント高かった。また、算数A問題で 2.2 ポイント、算数B問題で 4.4 ポイントといずれも高かった。この結果からも総合的な学習の時間で培われた学力は汎用的な力として国語、算数に生かされていることが考えられる。また、OECD 教育・スキル局長のアンドレアス・シュライヒャー氏は読売新聞のインタビュー（2017 年 8 月 11 日）で PISA 調査の結果を踏まえ、日本の子どもたちの学力を伸ばす教育について次のように述べている。「過去 15 年間の日本の学力向上は総合学習の成果だと考えると説明がつく。そして、シンガポールや上海では、総合学習のような探求的学習を日本以上に優先してやっている。この結果、生徒が主体性や独創性を発揮し、失敗から学ぶ時間的な余裕もできた。記憶する時間はこれからどんどん少なくなる。公式や地名・人名を覚えるよりも考える力の育成に絞る方が良い」。このように総合的な学習の時間で知識と知識を関連づけて探究的に考えることが今後の現代社会の中では不可欠であると考えている。

　このように総合的な学習の時間の必要性は証明され、欧米だけでなくアジアの国々も積極的に取り組んでいることがわかる。日本では平成29 年度に公示された学習指導要領で、英語の時間に取り組むことが決まり、その時間の一部は総合的な学習の時間があてられる。総合的な学習の時間の大切さは理解した上で、英語の学習、新たに特別の教科になった道徳など、教師が取り組まなくてはならない課題は山積みである。児童の主体的な探究活動を組織する総合的な学習の時間を今後も取り入れ

実践していくためには、現場の教員がその計画に向き合える時間的余裕などの環境整備が今以上に大切になっていくだろう。

2 総合的な学習の時間の指導

⑴ 総合的な学習の時間で扱う内容

　総合的な学習の時間には教科書がない。ということは指導する内容があらかじめ決まっていないということである。各学校は学校教育目標を踏まえ、自身の学校の総合的な学習の時間の目標を定める。その目標の実現化を目指し総合的な学習の時間の内容は定めていくことになる。

　これまでの総合的な学習内容の時間の例示として「**国際理解、情報、環境、福祉、健康**など」が挙げられていた。また、学習の質を高めるために取り入れるべき学習活動として、他者と協同して問題解決しようとする学習活動などが挙げられていた。平成29年度公示の文部科学省（2017）「小学校学習指導要領解説　総合的な学習の時間編」では、「目標を実現するのにふさわしい探求的な課題」と示している。探求的な課題とは、探求的に関わりを深める「**ひと・もの・こと**」を示したものであると示された。具体的には以下の3つの課題（例）が示された。

①現代的な諸課題に対応する横断的・総合的な課題
・地域に暮らす外国人とその人たちが大切にしている文化や価値観（国際理解）
・情報化の進展とそれに伴う日常生活や社会の変化（情報）
・身近な自然環境とそこに起きている環境問題（環境）
・身の回りの高齢者とその暮らしを支援する仕組みや人々（福祉）
②地域や学校の特色に応じた課題
・町づくりや地域活性化のために取り組んでいる人々や組織（町

> づくり）
> ・地域の伝統や文化とその継承に力を注ぐ人々（伝統文化）
> ・防災のための安全な町づくりとその取り組み（防災）
> ・商店街の再生に向けて努力する人々と地域社会（地域経済）
> ③児童の興味・関心に基づく課題
> ・実社会で働く人々の姿と自己の将来（キャリア）
> ・ものづくりの面白さや工夫と生活の発展（ものづくり）
> ・生命現象の神秘や不思議さと、そのすばらしさ（生命）

　また、これらの内容を取り扱う上で、児童の日常生活や社会との関わりを重視することが大切であることも述べられている。その意味について以下の 3 点を挙げている。

> 　1 つ目は、実社会で実生活において生きて働く資質・能力の育成が期待されていることである。実際の生活にある課題を取り上げることで、児童は日常生活や社会において、課題を解決しようと真剣に取り組み、自らの能力を存分に発揮する。その中で育成された資質・能力は、実社会や実生活で生きて働くものとして育成される。
> 　2 つ目は、児童が主体的に取り組む学習が求められることである。日常生活や社会に関わる課題は、自分とのつながりが明らかであり児童の関心も高まりやすい。また、直接体験なども行いやすく、身体全体を使って、本気になって取り組む児童の姿が生み出される。
> 　3 つ目は、児童にとって学ぶ意義や目的を明確にすることが重視されていることである。自ら設定した課題を解決する過程では、「自分の力で解決することが出来た」、「自分が学習した事が地域の役に立った」などの、課題の解決に取り組んだことへ

> の自信や自尊感情が育まれ、日常生活や社会への参画意識も醸成される。

⑵　総合的な学習の時間の指導方法

　総合的な学習で扱う内容とともに、どのように指導するかが現場の教師にとって大きな課題である。指導を考える上で以下の点が課題になる。

1)　総合的な学習の時間で取り組むテーマについて

　これまでに学習指導要領解説に示された学習課題例を紹介してきた。その内容を踏まえた上で、どのように取り組む内容となるテーマを決定し、そのテーマで取り組む各時間の内容を、順序も含めてどのように決めて学習を進めていくのかを考えていきたい。

　【教師が取り組ませたいテーマ・内容がある場合】

　まず、子どもが主体的に取り組みたい課題でなければ、テーマとして成り立たないだろう。

　もし、指導する教師に学ばせたい内容がある場合、子どもがその気になるような仕掛けが必要だろう。例えば、地域の川の環境問題について学ばせたいのであれば、学習に取り組む前に、全員で何度も川に見学に行き、そこで体験したこと、感じたことを子どもの中に情報としてたくさん蓄えられるようにする機会をもつことが大切になる。このような経験を全員で共有した上で、「川についてみんなで学べることはないだろうか。」と問えば、子どもたちは、それまで蓄積した経験を基に課題を考えることが可能になる。

　【子どもと教師で取り組むテーマ・内容を考えた上で決める場合】

　総合的な学習の時間を取り組む上での、子どもたちの既習事項はこれまで自身の生活や、生活科、総合的な学習で学んだことである。この学

習の上に子どもたちは取り組みたい内容を考える。また、教師もこれま で子どもたちが取り組んだ内容を基に、このような内容を取り組ませた いという思いをもっている。このような子どもと、教師の取り組みたい、 また、取り組ませたい内容を摺り合わせ、テーマを決めることができ るだろう。例えば、ある小学校の 5 年生は 4 年生まで総合的な学習の 時間を学校内で行っていた。5 年生になり、学校外で学びたいという思 いから「工場見学」というテーマを考えた。教師も学校の外で学ばせた いと考えたが、ただ見学するだけではなく、そこで働く人から直接話を 聞き、学ばせたいと考えていた。工場見学に問い合わせたが、工場の予 定が学校に合わないことや、見学できる場所が限られることからテーマ 決めは難航した。そんな中、子どもから博物館なら見学できるのではな いかという代案が出た。教師が各博物館に問い合わせた結果、子どもた ちに直接指導をしてくださる博物館も多くあり、学習テーマが決まった。 このように子どもたちと取り組みたいテーマについて教師が話し合いな がら進めることもできる。

【子どもが取り組むテーマ・内容を決める場合】

　この場合、子どもの学習への意欲は最大限生かされることになる。そ の上で、教師は子どもが取り組むテーマの中に、学びはしっかり位置づ くのか、子どもたちに確認しながら、また、計画を立てたり修正したり しながら学習を進めることになる。例えば子どもが「学校でのお泊り会」 をテーマにし、取り組みたいと考えた場合を考えてみよう。子どもたち は学校に泊まるときに夜に企画する肝試しや、夜寝る時の場所などにし か初めは関心がなかった。教師が、学校に泊まる場合は夜ご飯、お風呂、 朝ご飯のことも考えなくてはいけないことを子どもに告げ、全体として 計画をし直さなければならないことを促す。また、夜作るカレーも、泊 まる日に初めて作るのでは心配だから、泊まる前にお試しのカレー作り をしたらどうかと提案する。このような教師の助言から、子どもたちは、

まずお試しカレーの実施、当日のカレー作り、銭湯へ出かけての入浴、教室で寝る場所の支度作り、夜の肝試し、朝ご飯の用意と計画を修正しながらお泊り会の実施まで取り組むことができるのである。

　このように教師主導、子どもたち主導でテーマを決める場合にも、充分時間をかけてテーマと、取り組むべき内容について検討をすることが大切になる。長い時間、継続して取り組む学習である。子どもたちが、自分たちが何について学んでいるのかが分からなくなってしまわないよう、子どもたち同士の話し合いと、各自の学習への自覚がしっかり持てるよう綿密に計画を立てることが大切になる。

2）　総合的な学習の時間のテーマの細分化と学習計画

　学習するテーマが決まっても、具体的にどのように毎時間に取り組む内容を決めたらいいのかを決めないと、子どもたちが実際に学習を進めることができない。どのように決まったテーマを細分化し、毎時間の学習として計画していくかについて考えてみたい。

図6-3　マッピングの記録

【マッピング・コミュニケーションで具体的に取り組む内容を可視化する】

学習するテーマが決まったら、そのテーマから具体的に毎時間どのような学習に取り組めるかを考え、グループごとにマップに自由に書き出してみる。そして、**ブレンストーミング**のようにおしゃべりしながらアイデアを出し合う。書きだしたらそれを発表し合い、具体的にどのような学習がテーマに迫る学習として、取り組めるかを全体で話し合い、取捨選択して決めるのである。**図6-3**は大学生が幼児教育と小学校教育の違いについてマッピングしたものである。このように可視化することで自分たちが考えていることが明らかになるとともに、その内容の繋がりや、どのような順番で学習を進めることで、自分たちの学びが深まっていくのかが子どもたち一人ひとりに自覚しやすくなるのである。「石」というテーマで子どもたちが、ブレーンストーミングから取り組むべき具体的内容を出し合い、①石が出来るまで②石の種類③火山④石を用いた道具、の４つに決めたとしよう。この後、この４つをどのような順番で取り組むかを話し合い、おおよその学習計画はできあがる。それを書いて掲示しておけば、いつでも子どもはその計画に戻り、自分がすべき学習を自覚し進めることができる。このようなボトムアップの学習計画は子どもたちの学習意欲を最大限に生かすことができる。

【具体的に取り組む内容の原案を作り、みんなで話し合い計画を立てる】

マッピング・コミュニケーションのように一人ひとりの考えを生かして学習計画を立てる方法の他に、原案を作って、それを用いて具体的な学習内容を決めることもできる。この方法の場合、テーマを決めた後に、総合的な学習の時間の係が原案を教師と共に作成する。その原案を学級会のようなかたちで、クラスまたは学年全員の子どもたちに提案し、話し合って内容を決める方法である。例えば「伝統工芸」というテーマで学習をすることが決まった後、係の子どもと教師で話し合って、具体的に取り組む内容の原案を決める。①伝統工芸についての事前学習②伝統

工芸を行うお店での見学、体験③お店の人へのインタビュー④学習した事のまとめ⑤学習したことの交流、このようなおおよその学習計画を提案した後、この内容を全員で話し合い、細かな取り組みを決めていく。例えば、いろいろある伝統工芸の中から、自分が学習したいことを選べるのかといったことや、学習したことを誰と交流するのか、また、どのような形で交流するのかなどである。このように学ぶべき内容の原案を示し、それについて話し合うことで具体的に取り組む内容を細かく決め、子どもたちが自身で主体的に取り組めるような学習のデザインを決めていく。

3) 子どもが身につける資質・能力

　これまで、総合的な学習の時間の内容をどのように決め、どのように毎時間の学習を計画していったらいいかについて述べてきた。この項からは、学習を通して子どもたちにどのような資質、能力が身につくのかについて考えてみたい。

　文部科学省（2017）学習指導要領解説総合的な学習の時間編では総合的な学習の時間で育成することを目指す資質・能力として次の三つを挙げている。

【知識及び技能】

　総合的な学習の探求的な学習の中で得られる知識は、教科で得られた知識や探求的な課題の中で自分自身が得た知識を取捨選択し、整理し、既にもっている知識や経験と関連付けて構造化されるものである。であるから、1つの資料に書かれたことをそのまま自分の知識としたりすることなく、自分で自分の知識を構造化しなくてはならない。そのためには自身だけでなく、他者の意見に耳を傾け、共に考え、自分の考えを見直すことが必要になる。

【思考力、判断力、表現力等】

　既有の知識を用いて、探求のプロセス「①課題設定→情報収集→整理・分析→まとめ・表現」の中で子どもが、思考、判断、表現を繰り返し取り組むことで身についていくことが大事になる。そのためにも、それぞれの段階で時間をかけ、自身でまた他者と交流しながら考え、よりよいものに深めていかなくてはならない。

【学びに向かう力、人間性等】

　探求的な課題では子どもが自分から興味関心を持って主体的・協働的に学習に取り組むことが望まれる。そのためには、まず興味関心のもてる課題となっているかどうか時間をかけて再考する必要がある。また、意欲を持って取り組むには充実した体験活動、また、考えが深まる情報収集等が必要になる。そして共に学びを進める友達の存在が欠かせない。

　上記の三つの資質・能力を身につけさせるにあたり、これまで以上に他教科との関連をもつことが大切になる。特に【知識及び技能】と【思考力、判断力、表現力】は他教科との関連が深い。文部科学省（2017）学習指導要領解説総合的な学習の時間編には、「各教科で身に付けた資質・能力等を発揮することを期待している」との記述がある。その際には、言語能力、情報活用能力などの学習の基盤となる資質・能力を重視することが大切であるとも述べられている。この二つの能力については以下のような記述がある。

言語能力…言語に関わる知識及び技能や態度等を基盤に「創造的思考とそれを支える論理的思考」、「感性・情緒」、「他者とのコミュニケーション」の三つの側面を働かせて、情報を理解したり文章や発話により表現したりする資質・能力

136

> **情報活用能力**…世の中の様々な事象と情報とその結びつきとして捉えて把握し、情報及び情報技術を適切かつ効果的に活用して、問題を発見・解決したり自分の考えを形成したりしていくための資質・能力

上記の言語能力、情報活用能力を育む具体的な方策を考えてみよう。

①言語能力を伸ばす学習記録の残し方

　総合的な学習の時間には教科書もノートもない。子どもたちが学習した足跡をいつでも振り返ることができ、自分の学習を自覚するには学んだことを記録して残すことが大事になる。自分の調べたこと、考えたことを比較し、関連づける。また、友達の記録を見て、話し合い、自らの考えと比べる。このような記録の生かし方を通して言語能力は培われる。

　先の Iram school　では「Topic」というノートに学習したことをすべて貼りつけて残していた。この他に、画用紙に学習したことを書いて記録し、その画用紙を二つ折りにして、画用紙が増えるたびに、その裏面を張りつけて本を作るよう記録を残す方法がある。この方法だといつでも

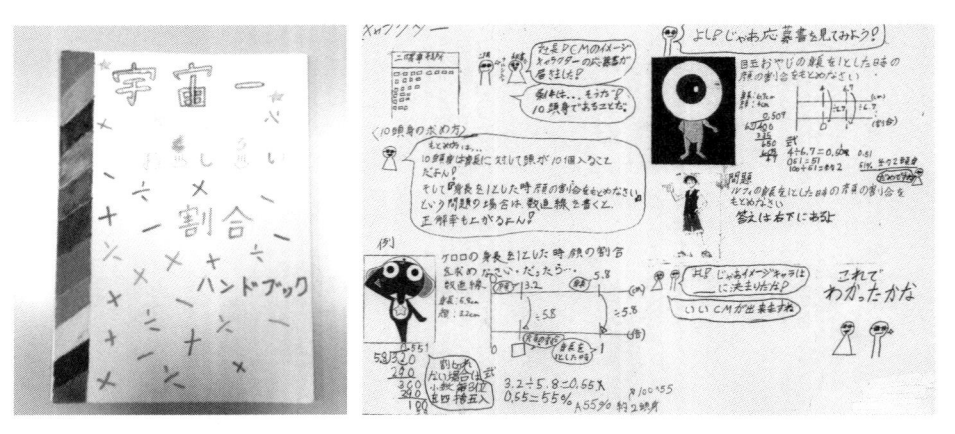

図 6-4　割合について調べた記録の表紙（左）と毎回の記録（右）

学習がすぐに振り返られることと、学習が進むごとに記録が増えるので子どもの学習意欲の喚起につながることが期待できる。また、教師が子どもの学習状況を把握し、何を学べているのかを理解するのにも適している。1つのテーマの学習に取り組むごとに、1冊の学習記録が残るのである。

②情報活用能力を伸ばす子どもの学び方

1時間ごとに取り組むべき内容が決まったところで、何を使って、どのように学んでいくかを考えなくてはいけない。学ぶときには、学ぶべき対象についての知識や情報をたくさん獲得することが何よりも大切になる。情報が少ないところで考えられることは限られている。子どもたちが学ぶことのできる方法として、主となるのは次の3つの方法ではないだろうか。この中でもインターネットを使った、子どもたち一人ひとりの検索技能や多くの情報から自分に必要な情報を選ぶ力の個人差は大きい。そのため「1. 直接の体験を通して学ぶ」方法、「2. 書籍から学ぶ」方法を大事に考え、その具体的な方法を記す。

子どもたちが総合的な学習の時間で学ぶ主な方法

1. 体験して、直接話を聞いて学ぶ

2. 書籍を調べて学ぶ

3. インターネット等の情報から学ぶ

【体験して、直接話を聞いて学ぶ】

直接当事者から話を聞いて学ぶ場合、まず教師が、子どもが何について学びたいかを事前に当事者に知らせ、学習の協力をお願いするべきである。子どもに電話などで直接連絡させる方法もあるが、子どもが知りたい内容がうまく伝わらないことも考えられる。また、体験をする場合も、どのようなことがねらいになる学習かを事前に知らせる必要がある。

こうすることで、子どもたちが学びたいことと、体験で学んだことのずれは解消される。学習を円滑に進めるため、また学習のねらいに近づくためにも教師が仲介に入って、子どもが学びたいことを学べる環境を整えたい。また、学習が進むことで新たな疑問、または課題を生み出すだろう。そのようなときに同じ方に、また直接お話を聴ければ学びも深まる。1回で終わる体験ではなく、繰り返し体験することで学びの質は確実に上がるはずである。

　図 6-5 は後楽園遊園地のお化け屋敷の製作の方からお話を聞いた時の写真である。

　6 年生が「文化祭」をテーマにして取り組んだ総合的な学習の時間。お化け屋敷の企画をしたグループは、どのようにお化け屋敷を作ったらいいのか方針が定まらなかった。教師と一緒にお化け屋敷の作り方を教え

図 6-5　お化け屋敷の作り方のレクチャーを受ける

てくださる方を探した。東京ドームシティでお化け屋敷を企画されている方にレクチャーをお願いして、学ぶ機会が実現した。「お化け屋敷もストーリーを作って、それを体験できるような道順を考えるといい。」というお話をいただき、子どもたちは自分たちで怖いお話のストーリーを作り、それに合わせたコースを考えたのである。文化祭当日は、指導してくださった方を招待し、お化け屋敷に対するコメントをいただいた。このような人と繋がり、繰り返し指導を受けることで子どもの学びの深まりと共に学ぶ喜びも大きくなるのである。

【書籍を調べて学ぶ】

　書籍を頼りに調べる場合、書籍が少ない、また調べたい内容に合っていない場合、子どもたちの学習は貧弱になってしまう。学校図書館の蔵

書だけでは子どもたち一人ひとりのニーズに応えられない場合も考えられる。そのようなときには、図書館の団体貸し出しサービスを利用することも良い方法である。東京都文京区では、あるテーマに関する本を学校に一定期間貸し出してくれるサービスがある。例えば「秋」というテーマで本の貸し出しをお願いすると関連する書籍を集めて届けてくれるのである。子どもたち一人ひとりが図書館で借りてくることと合わせて、図書館のこのようなサービスを利用すれば、多くの子どもたちが自分の課題に合った書籍を選び、自分で学びを進めることができる。複数の書籍を比べ、自分が知りたいことを考えることで子どもたちの学びは深まる。

③学びに向かう力を伸ばす学習環境

　一人での学びはともすると視野が狭くなり、学びに広がり、深まりがなくなる可能性がある。友達と学び、それぞれの学びを理解し、自分の学びと比べたり、より良い解決方法を考えたりすることでより自身の学びが深まることが期待できる。他者と協働して学習活動を行う意義として学習指導要領解説には以下の三点が挙げられている。

> ・他者へ説明することにより生きて働く知識及び技能の習得が
> 　図られる。
> ・他者から多様な情報が収集できる。
> ・より良い考えが作られる

小学校学習指導要領解説 総合的な学習の時間編 p.48
内容の取扱いについての配慮事項より抜粋

【学習の形態】

　「他者から多様な情報が収集できる」、「より良い考えが作られる」。このようなことをねらうためには学習する形態が大事になる。一人ひとりがそれぞれの学習に取り組むのではなく、課題別にグループを形成し、

そのグループごとに学習を進めることも一つの方策である。教師に決められたのではなく、自分で学習することを選ぶことで子どもは主体的に学習に取り組むことが出来る。

伝統工芸の学習を行った時に、和菓子作りを選んだ子どもたちは、グループで見学に行き、実際の和菓子作りを体験した（**図6-6**）。この体験を各自がまとめた上で、全体発表のための準備をした。それぞれ学んだことを出し合い、何を選べば自分たちのグループでの学

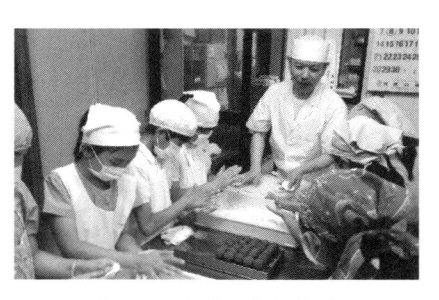

図6-6　和菓子作り体験

図6-7　グループ発表

びが伝わるか、学んだ事柄を取捨選択する。実際の発表会に向けた準備では役割を分担し練習をする。このような一連の学びの中で自身の学びと友達の学びを比較し、再度、自分の学びを見つめ直すことになる。

　他者と協同で考え、情報を共有し、再度自分の考えを振り返ることで、自身の学びは再構成され、より深い学びになることが期待できるのである。また、共に学ぶ友がいることで、学習意欲を常に高く維持し、学習を進めることも期待できる。

【学習の交流】

　グループでの発表を先に記したが、発表の仕方として個人での発表の方法もある。まず、学習したことを1枚の画用紙にまとめる。この作業を通して子どもはたくさん学んだことの中から自分が特に伝えたい大事なことを取捨選択する。発表する前にクラス全体の子どもを2等分し、前半に発表するグループと後半に発表するグループに分ける。発表が始

まったら**図6-9**のようにそれぞれ
の発表者の前に座り発表を聞くの
である。一人の発表を聞き終わっ
たら、また、関心のある友達の所
へ行って発表を聞く。短い時間に
たくさんの発表を聞けるのがこの
方法の良い点である。また発表者
は目の前の友達に伝えた後、すぐ
に質問や意見を聞くことができ
る。発表者が、自分の学んだ発表
内容や発表方法について気軽に意
見をもらえるのがこの対面式（お
店屋さん方式）の良いところである。
大勢が同時に発表するのでうるさ
くなりがちであるが、写真のよう
に発表者の位置をなるべく外側に

図6-8　ポスター発表

図6-9　ポスター発表会場

向けて座らせることで音が外に向かい、ある程度大きな音は防ぐことが
できる。

　何度も発表を重ね、その発表に対する意見をもらうことで自分の伝え
たいことを再度理解し直すことができるのである。このように友達とと
もに学び、ともに学んだことを共有したことによる喜びは、次の学びに
向かう力となるのである。

4)　総合的な学習の時間を進める教師

　文部科学省（2017）学習指導要領解説総合的な学習の時間編には「教師
自らが地域を探索したりフィールド調査をしたり、実際に見たり聞いた
りして、地域と関わることが望まれる。また、児童の実態把握に関して
は、教師や保護者、児童自身に対する様々な観点からの実態調査に加え

て、児童に関することの多い地域の人や専門家から情報を集めることも有効である。」と述べられている。教師が総合的な学習の時間を準備する場合、各教科での教材研究とは違った面からのアプローチが求められることになる。それは、教師自身が総合的な学習の準備を通して、子どもたちが学ぶ総合的な学習の時間を子どもと同じように学ぶことでもある。そのためには上記にあるような、学習に関わる人材、施設、資料等の情報収集、また、学習をコーディネートするために計画する力、学習を見通し、修正し、子どもたちの学びを常に喚起し、学びに向かう力にエネルギーを注ぐ役割を担わなくてはならない。そのためにも学年の教員が一致団結し、学年の子どもたち全員の学習を保障すべく、準備と指導と改善を繰り返し行わなくてはならない。

ワーク

① 「私たちの住む町を外国の人に紹介しよう」というテーマの学習をすることになりました。このテーマで、具体的にどのような学習が考えられますか。マッピングをして意見を出し合いましょう。

_____
_____
_____
_____
_____
_____
_____

② 上記のマッピングした内容をどのような順番で取り扱うことで子どもの学びが深まるでしょうか。理由も考えた上で順番を付けてみましょう。

_____
_____
_____
_____
_____
_____
_____

③　地域に住む外国の人を招待して、子どもたちの学習したことを発表することになりました。事前の準備としてどのようなことが考えられますか。教師の準備、子どもの準備分けて書き出してみましょう。

参考文献

読売新聞（2017）；8月11日、朝刊.

C．エドワーズ、L．ガンディーニ、G．フォアマン編著、佐藤学、森眞理、塚田美紀訳（2001）；『子どもたちの100の言葉』、世織書房.

ジョン・デューイ著、市村尚久訳（1998）；『学校と社会・子どもとカリキュラム』、講談社学術文庫.

村川雅弘編（1997）；『総合学習のすすめ』、日本文教出版株式会社.

文部科学省（1996）；資料11「生きる力」と資質・能力について（平成20年中央教育審議会答申抜粋）.

文部科学省（2017）；小学校学習指導要領解説、外国語活動・外国語編.

文部科学省（2017）；小学校学習指導要領解説、総合的な学習の時間編.

吉田貞介監修、黒上晴夫編集（1999）；『総合的学習をつくる』、日本文教出版株式会社.

Carolyn Edwards, Lella Gandini, and George Forman, （1998）; *THE HUNDRED LANGUAGES OF CHILDREN: The Reggio Emilia Approach-Advanced Reflections*, Ablex Publishing Corporation.

John Dewey, （1990）; *THE SCHOOL AND SOCIETY and CHILD AND THE CURRICULUM*, A Centennial Publication of the University of Chicago press.

索引

●執筆者紹介
（監修者、編著者は奥付参照）

井口　眞美（いぐち　まみ）　第 1 章（1 節、2 節）
　実践女子大学　生活科学部　准教授
　専門：幼児教育学、造形教育

五味　美奈子（ごみ　みなこ）　第 2 章 2 節
　アルウィン学園玉成保育専門学校　講師
　専門：幼児教育学、臨床心理学

島﨑　あかね（しまざき　あかね）　第 4 節（1 節、2 節）
　実践女子大学　生活科学部　准教授
　専門：運動生理学、環境共生学

南雲　成二（なぐも　せいじ）　第 3 章 3 節
　実践女子大学　生活科学部　教授
　専門：初等教育実践、国語教育

吉澤　英里（よしざわ　えり）　第 5 章 1 節
　環太平洋大学　次世代教育学部　教育経営学科　講師
　専門：教育心理学、社会心理学

渡辺　敏（わたなべ　さとし）　第 3 章 1 節、2 節、　第 6 章 1 節、2 節
　実践女子大学　生活科学部　准教授
　専門：初等教育学、算数教育

【監修者】

田中　正浩（たなか　まさひろ）

　　実践女子大学　生活科学部　教授
　　専門：教育学、教育哲学

【編著者】

塚原　拓馬（つかはら　たくま）　第 2 章 1 節、第 5 章 2 節

　　実践女子大学　生活科学部　准教授
　　専門：生涯発達心理学、臨床社会心理学

児童の教育と支援——学びをみつめる——

2018 年 10 月 10 日　初版第 1 刷発行　　　　　　　　　　　　　　〔検印省略〕

監修者　田中正浩　　　　　　　　　　　　＊定価はカバーに表示してあります。
編著者　塚原拓馬　　発行者　下田勝司　　　印刷・製本　中央精版印刷

東京都文京区向丘 1-20-6　郵便振替 00110-6-37828
〒 113-0023　TEL 03-3818-5521（代）　FAX 03-3818-5514　発行所　株式会社　東信堂
Published by TOSHINDO PUBLISHING CO.,LTD.
1-20-6, Mukougaoka, Bunkyo-ku, Tokyo, 113-0023, Japan
E-Mail: tk203444@fsinet.or.jp　http://www.toshindo-pub.com

ISBN978-4-7989-1501-2　C3037　©2018 Tanaka Masahiro, Tsukahara Takuma

東信堂

〒113-0023　東京都文京区向丘 1-20-6　　TEL 03-3818-5521　FAX03-3818-5514　振替 00110-6-37828
Email tk203444@fsinet.or.jp　URL:http://www.toshindo-pub.com/

※定価：表示価格（本体）＋税

東信堂

ネオリベラル期教育の思想と構造――書き換えられた教育の原理	福田誠治	六二〇〇円
アメリカ公立学校の社会史――コモンスクールからNCLB法まで	W・J・リース著　小川佳万・浅沼茂監訳	四六〇〇円
アメリカ　間違いがまかり通っている時代――公立学校の企業型改革への批判と解決法	D・ラヴィッチ著　末藤美津子訳	三八〇〇円
教育による社会的正義の実現――アメリカの挑戦（1945-1980）	D・ラヴィッチ著　末藤美津子訳	五六〇〇円
学校改革抗争の100年――20世紀アメリカ教育史	D・ラヴィッチ著　末藤・宮本・佐藤訳	六四〇〇円
現代学力テスト批判――実態調査・思想・認識論からのアプローチ	北野秋男・下司晶・小笠原喜康編著	二七〇〇円
ポストドクター――若手研究者養成の現状と課題	北野秋男編著	三六〇〇円
日本のティーチング・アシスタント制度――大学教育の改善と人的資源の活用	北野秋男編著	二八〇〇円
現代アメリカの教育アセスメント行政の展開――マサチューセッツ州（MCASテスト）を中心に	北野秋男編	四八〇〇円
アメリカ公民教育におけるサービス・ラーニングの展開	唐木清志	四六〇〇円
【増補版】現代アメリカにおける学力形成論の展開――スタンダードに基づくカリキュラムの設計	石井英真	四六〇〇円
ハーバード・プロジェクト・ゼロの芸術認知理論とその実践――内なる知性とクリエティビティを育むハワード・ガードナーの教育戦略	池内慈朗	六五〇〇円
アメリカにおける学校認証評価の現代的展開	浜田博文編著	二八〇〇円
アメリカにおける多文化的歴史カリキュラム	桐谷正信	三六〇〇円
現代教育制度改革への提言 上・下	日本教育制度学会編	各二八〇〇円
日本の教育をどうデザインするか	村田翼夫・上田学編著	二八〇〇円
現代日本の教育課題――二一世紀の方向性を探る	上田学編著	二八〇〇円
日本の教育制度と教育行政（英語版）	関西教育行政学会編	二五〇〇円
バイリンガルテキスト現代日本の教育（英語版）	山口満編著	三八〇〇円
人格形成概念の誕生――近代アメリカの教育概念史	田中智志	三六〇〇円
社会性概念の構築――教育の概念史	田中智志	三八〇〇円
グローバルな学びへ――協同と刷新の教育	田中智志編著	二〇〇〇円
学びを支える活動へ――存在論の深みから	田中智志編著	二〇〇〇円
社会形成力育成カリキュラムの研究	西村公孝	六五〇〇円

〒113-0023　東京都文京区向丘1-20-6　TEL 03-3818-5521　FAX03-3818-5514　振替 00110-6-37828
Email tk203444@fsinet.or.jp　URL:http://www.toshindo-pub.com/

※定価：表示価格（本体）＋税

東信堂

〒113-0023　東京都文京区向丘1-20-6　　TEL 03-3818-5521　FAX03-3818-5514　振替 00110-6-37828
Email tk203444@fsinet.or.jp　URL:http://www.toshindo-pub.com/

※定価：表示価格（本体）＋税

東信堂

書名	著者	価格
リーディングス 比較教育学 地域研究 —多様性の教育学へ	西野節男・中矢礼美 編著／近藤孝弘	三七〇〇円
比較教育学事典	日本比較教育学会編	一二〇〇〇円
比較教育学の地平を拓く	森山肇・山田肖子 編著／下稔	四六〇〇円
比較教育学—越境のレッスン	馬越徹	三六〇〇円
比較教育学—伝統・挑戦・新しいパラダイムを求めて	M・ブレイ編／馬越徹・大塚豊監訳	三八〇〇円
国際教育開発の研究射程—「持続可能な社会」のための比較教育学の最前線	北村友人	二八〇〇円
国際教育開発の再検討—途上国の基礎教育普及に向けて	小川啓一・西村幹子・北村友人 編著	二四〇〇円
ペルーの民衆教育—「社会を変える」教育の変容と学校での受容	工藤瞳	三三〇〇円
アセアン共同体の市民性教育	平田利文編著	三七〇〇円
市民性教育の研究—日本とタイの比較	平田利文・平田秀明 編著	四二〇〇円
社会を創る市民の教育—協働によるシティズンシップ教育の実践	大谷正明・桐谷正信 編著	二五〇〇円
現代ドイツ政治・社会学習論	大友秀明	五二〇〇円
アメリカにおける多文化的歴史カリキュラム—「事実教授」の展開過程の分析	桐谷正信	三六〇〇円
アメリカ公民教育におけるサービス・ラーニング	唐木清志	三六〇〇円
発展途上国の保育と国際協力	浜野隆	三八〇〇円
中国教育の文化的基盤	三輪千明	二九〇〇円
中国大学入試研究—変貌する国家の人材選抜	顧明遠・大塚豊監訳	三八〇〇円
東アジアの大学・大学院入学者選抜制度の比較	大塚豊	三六〇〇円
中国高等教育独学試験制度の展開 中国・台湾・韓国・日本	南部広孝	三三〇〇円
中国の職業教育拡大政策—背景・実現過程・帰結	南部広孝	三三〇〇円
中国における大学奨学金制度と評価	劉文君	三二〇〇円
現代中国高等教育の拡大と教育機会の変容	王帥	五〇四八円
現代中国初中等教育の多様化と教育改革	王傑	五四〇〇円
グローバル人材育成と国際バカロレア—アジア諸国のIB導入実態	楠山研	三九〇〇円
文革後中国基礎教育における「主体性」の育成	李霞 編著	三六〇〇円
韓国大学改革のダイナミズム—ワールドクラス〈WCU〉への挑戦	李霞	二八〇〇円
	馬越徹	二七〇〇円

〒113-0023　東京都文京区向丘 1-20-6　　TEL 03-3818-5521　FAX03-3818-5514　振替 00110-6-37828
Email tk203444@fsinet.or.jp　URL:http://www.toshindo-pub.com/
※定価：表示価格（本体）＋税

東信堂

〒113-0023　東京都文京区向丘1-20-6　　TEL 03-3818-5521　FAX03-3818-5514　振替 00110-6-37828
Email tk203444@fsinet.or.jp　URL:http://www.toshindo-pub.com/

※定価：表示価格（本体）＋税